EXPOSITION

DE LA
PRESSE ANTIFASCISTE ITALIENNE

COLOGNE

(VOLKSHAUS — SE...)

UNION

DES JOURNALISTES ANTIFASCISTES ITALIENS

« G. AMENDOLA »

—

PARIS

EXPOSITION

DE LA
PRESSE ANTIFASCISTE
ITALIENNE

COLOGNE — 10 JUIN 1928

(VOLKSHAUS — SEVERINSTRASSE 199)

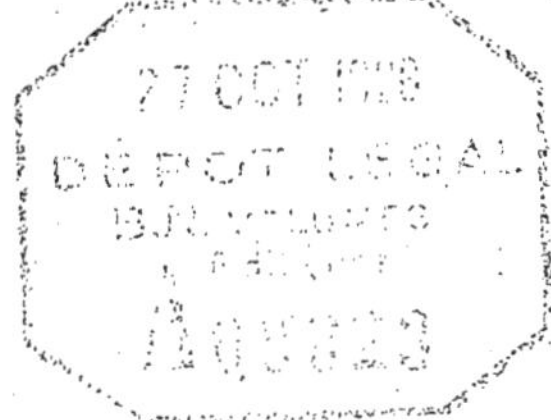

UNION

DES JOURNALISTES ANTIFASCISTES ITALIENS

« G. AMENDOLA »

PARIS

IMPRIMERIE DE LA SOCIÉTÉ NOUVELLE
D'ÉDITIONS FRANCO - SLAVES.

32, RUE DE MÉNILMONTANT-PARIS (XX')

AVANT-PROPOS

Les buts de notre Exposition

« L'Union des Journalistes italiens : Giovanni Amendola »
qui réunit sous le nom d'un grand combattant du journalisme,
assassiné par les « chemises noires », tous les journalistes italiens
qui ont dû se réfugier à l'étranger pour échapper à la prison, à
la déportation, voire même à la mort, a décidé d'être présente
à Cologne à l'occasion de l'Exposition Internationale de la Presse.
Ceux qui, de toutes les parties du monde, afflueront dans
la grande ville industrielle allemande pourront se rendre compte
du drame qui s'est déroulé en plein XX° siècle et dont la presse
libre italienne fut la victime du fait de la dictature fasciste.

L'Italie officielle décida d'abord de ne pas participer à l'exposition de Cologne. Cette décision — elle l'a même solennellement
et dédaigneusement annoncée. Peut-être avait-elle compris que
dans une manifestation destinée à célébrer le développement technique et politique du journalisme, en tant qu'expression de la liberté, dans une exposition, à l'inauguration de laquelle un ministre
prussien, M. Braun, devait proclamer solennellement que «la Presse
républicaine considère comme devoir principal la défense de la
liberté de la parole et de la presse »; qu'à une telle exposition
— disons-nous — il n'y avait pas de place pour la presse fasciste, laquelle n'est qu'un instrument du pouvoir exécutif, préférant les
exigences de la faction à celles de la vérité et de l'intérêt public.
Pour des raisons toutes différentes, l' « Union Giovanni Amendola »
a cru, non seulement de son droit, mais de son devoir, de faire acte
de présence à Cologne, fût-ce même en dehors de l'espace destiné
à l'Exposition officielle.

Ce n'est qu'après avoir vu que nous persistions dans notre
dessein, et que même le vol du premier matériel que nous avons
assemblé avec tant de peine, vol organisé par des espions fascistes

à Paris, n'avait eu d'autre effet que de nous obliger à recommencer
notre travail avec plus d'ardeur encore ; ce ne fut qu'à la dernière minute que, remangeant son orgueilleux dédain, le gouvernement italien décida de participer à la « Pressa ».

L' « Union G. Amendola » a achevé, dans des conditions les
plus difficiles, son travail d'assemblage et de classement du matériel exposé. D'ailleurs, aucune Exposition, même la plus complète,
ne pourrait donner une impression exacte des souffrances que le
journalisme anti-fasciste a subies en Italie par l'action du fascisme
qui a violemment détruit, en même temps que les autres libertés,
celle qui les résume et garantit toutes : la liberté de la presse.
Dans aucun pays du monde, même là où des vraies révolutions se
sont accomplies, c'est-à-dire des grandioses et dramatiques explo-
sions sociales et non pas des orgies sanglantes d'une armée factieuse
qui s'est emparée sans lutte, du pouvoir, nulle part le journalisme
n'a gravi le Calvaire, dont le journalisme italien a atteint le som-
met, laissant en route tous ses morts sacrés après quatre longues
années de farouches persécutions légales et illégales.

Le Fascisme a renié, comme on le sait bien, tous les droits
de l'homme, donc également le premier d'entre ses droits : le droit
de penser. Un journal du Fascisme, L'IMPERO, après le soi-disant attentat de Bologne, écrivait en gros caractères, dans son édi-
torial : « C'est l'heure d'en finir avec la vieille fable démocratique
que tout le monde a le droit de penser comme il veut. »

On décrétait la suppression définitive de tout journal qui
ne s'engageait pas à servir le régime des Licteurs. Les journaux,
qui, jusqu'à ce moment, avaient résisté à l'ouragan des injustices
et des abus commis par le gouvernement d'accord avec les bandes
armées du parti, étaient supprimés ; leurs rédactions envahies et
saccagées, leurs imprimeries incendiées et leurs directeurs et rédacteurs arrêtés, ou forcés de s'exiler.

Sur les ruines de celle qui fut la presse anti-fasciste, interprète des aspirations du peuple italien, tutrice et gardienne de
sa dignité et de sa liberté, s'est consolidé le régime monopoliste
du journalisme fasciste qui avoue ouvertement n'être qu'un « organe au service du gouvernement et du parti ». De sorte que le
chef du gouvernement, répondant à la dépêche de dévotion du
«Syndicat des journalistes », a pu annoncer avec raison qu'à un
moment donné, il appellera au rapport les directeurs des différents
journaux, c'est-à-dire ses fonctionnaires et ses serviteurs.

Mais, avant même le soi-disant attentat de Bologne, le Fascisme
avait pris l'offensive contre la presse d'opposition ; désireux
comme il l'était d'abattre par tous les moyens cette dernière tranchée, dans laquelle un groupe d'hommes, résolus à ne pas fléchir,
parlait au nom d'un peuple humilié et opprimé et revendiquait
— contre les destructeurs de toutes les libertés, contre les
assassins de tant de vies généreuses, contre les ravageurs de la
finance publique, — les droits de la vérité et de la justice, et
rappelait les engagements pris par le chef de l'Etat dans la
Constitution à laquelle il a prêté serment de fidélité.

Cette offensive a précédé la « Marche sur Rome ». Des escouades fascistes l'ont déclanchée, avec la complicité passive des autorités, contre quelques journaux à tendance extrémiste, qui ont été pillés, dévastés, incendiés. Et, à partir de Novembre 1922, après l'usurpation du pouvoir, jusqu'au mois de Novembre 1926, le programme du gouvernement fasciste, de l'élimination de la presse d'opposition (qui était surtout coupable d'avoir indiqué Mussolini, chef de la Tchéka fasciste, comme responsable de l'assassinat de Mattéotti et d'autres crimes infâmes qui remplirent d'horreur le monde entier), a été appliqué avec une persévérance de plus en plus rigide contre tous les journaux dont on ne pouvait s'assurer l'esclavage total : libéraux, conservateurs, démocratiques, « populaires », (c'est-à-dire catholiques-démocrates), socialistes, communistes, anarchistes ; on n'épargnait même pas ceux qui avaient soutenu le gouvernement au commencement du mouvement fasciste, ni les revues littéraires et scientifiques. Censure, avertissements, admonestations, suspensions, saisies, révocations de gérant, bâtonnade, invasions, incendies, procès, condamnations : tout fut employé pour démolir, pierre par pierre, la forteresse dans laquelle s'étaient enfermés, prêts à mourir, pour ne pas trahir, ceux qui osaient opposer leur plume aux matraques et aux poignards des agresseurs. Et là, où la violence se montrait impuissante, on recourait à la corruption et à la fraude. Les journaux à grand tirage ont été mis dans une situation financière et administrative telle que leurs directeurs et rédacteurs non fascistes ont été obligés d'abandonner la lutte et furent remplacés par des transfuges méprisables de l'anti-fascisme ou des bonzes du parti.

La presse, telle qu'on la conçoit dans tous les pays civilisés, n'existe plus dans l'Italie fasciste. Après les lois exceptionnelles de novembre et de décembre 1926, les journaux n'informent plus leurs lecteurs, ne mènent plus de bataille d'idées : ils ne sont qu'une reproduction plus ou moins variée d'un journal officiel unique et n'ont qu'une tâche bien simple : de ne publier que ce qui est agréable ou avantageux pour le gouvernement, dans la forme voulue ou imposée par ce dernier.

Même dans ces conditions, les journaux sont du reste soumis à tous les contrôles et à la menace d'encourir les plus sévères sanctions.

Entre le peuple italien et la vérité, le fascisme a élevé, à l'extérieur comme à l'intérieur, des barrières toujours plus hautes. Mais son travail a été vain. Le sang des victimes, que le fascisme a écrasées sous le char de son triomphe éphémère, ne suffit pas à consolider la poussière sur laquelle ces barrières sont édifiées. Et, l'on entend déjà les premiers coups des journaux clandestins, nés en Italie ou bien envoyés de l'étranger, journaux qui rendent à la presse la grande fonction libératrice qu'elle a toujours eue dans l'histoire humaine, contre le despotisme, contre toutes les intransigeances tyranniques de la foi et de la pensée, contre les occupations étrangères, parmi lesquelles la fasciste est la plus hideuse, la plus farouche et la plus humiliante dans cette prison qu'est maintenant l'Italie; journaux rédigés par les soldats de liberté ; jeunes gens pour la plupart, qui puisent dans les universités, dans les usines, dans les laboratoires, une force toujours grandissante pour cet apostolat de rédemption, quoiqu'ils savent qu'ils vont à l'encontre des plus cruelles représailles de la part d'une tyrannie farouche et lâche, qui a recours au tribunal spécial ou au bourreau.

Comment est-il possible de recueillir dans les limites d'une Exposition la documentation quelque peu complète de l'histoire de la résistance acharnée et de dresser le martyrologue vraiment glorieux de la presse libre italienne? Cette tâche a été encore plus lourde pour des journalistes exilés qui, à cause de la destruction de leurs journaux, de leurs maisons et de la terreur qui sévit actuellement en Italie, ont dû surmonter des difficultés d'autant plus grandes que leur initiative a été combattue par le gouvernement fasciste dans tous les camps et par tous les moyens.

Mais, même incomplète, l'Exposition de la presse italienne ne devait pas manquer à Cologne. L' « Union Giovanni Amendola » a pensé que, si elle avait été absente, l'Union aurait eu l'air de trahir sa cause.

L' « Union Giovanni Amendola » a voulu vivre et fonctionner à l'étranger, se considérant comme une représentante des traditions et des revendications du libre journalisme italien.

L'Exposition comprend, affichés ou découpés sur des cartons, reproduits par le dessin, exposés en recueils complets ou par des échantillons isolés qu'on a retrouvés non sans difficulté, plusieurs grands quotidiens supprimés par le Fascisme ou « fascistisés » d'autorité. Des centaines et des centaines d'autres journaux également supprimés, de périodiques et de revues auxquelles le gouvernement a rendu l'existence impossible, de périodiques qui ne s'étaient strictement consacrés qu'aux problèmes de culture générale, de la politique sociale, ainsi qu'aux questions juridiques et scientifiques. Quantité d'exemplaires de la presse clandestine, témoignant de l'effort immense qui a été fait et que l'on continue à faire en Italie, au péril de la liberté et même de la vie, pour tenter de secouer ou de trouer la chape d'acier par laquelle le fascisme veut étouffer le libre effort de la pensée, du droit, de la vérité, de la dignité intellectuelle des citoyens. Elle comprend des photographies de dévastation de typographies et de rédactions, des portraits de journalistes assassinés, emprisonnés, déportés, bannis par le Fascisme, des livres et des brochures se rattachant à la tragédie du journalime italien.

Une de nos collaboratrices, dont la diligence égale l'intelligence, s'est donné la peine, aidée par un groupe d'étudiants, de recueillir en des milliers de fiches, patiemment distribuées en douze volumes, quantité de documents dont quelques-uns d'une grande valeur historique, ayant rapport aux violences légales et illégales, dont la presse a été l'objet. Ce recueil de fiches est encore loin d'être complet. Nous avons surtout le regret de n'avoir pas pu les traduire, faute de temps.

S'il avait été possible de réunir tous les documents des violences subies par les journaux et les journalistes d'opposition, notre Exposition aurait eu besoin d'un espace dix fois plus grand que celui

6

qui nous a été offert, avec un sens de noble et généreuse solidarité, par la Maison du Peuple de Cologne. Mais, même contenue dans d'étroites limites, cette Exposition constitue, en face du monde civilisé, un nouveau et solennel acte d'accusation contre le Fascisme liberticide. L'histoire d'un journal antifasciste résume celle de tous les autres. Les martyrs les plus éminents, dont nous reproduisons les portraits, sont là pour symboliser le sacrifice de tous ceux qui, exerçant fièrement leur mission de journalistes, eurent à supporter les agressions, les bastonnades, la déportation ou la prison.

Si cette Exposition réussit à retenir l'attention des visiteurs et à les obliger à méditer sur la honte et le danger que le Fascisme présente pour l'Italie et pour le monde entier, elle aura accompli sa mission, et l' « Union Giovanni Amendola » n'aura pas manqué à sa tâche qu'elle a voulu accomplir avec le sentiment réconfortant de sa foi et avec la conscience de toute sa responsabilité.

INTRODUCTION

„LA VOIX DE SON MAITRE"

La liberté de la presse avait été garantie en principe par la Constitution Piémontaise de mars 1848. Elle fut provisoirement réglée par un décret du 26 mars 1848 auquel le Parlement n'apporta aucune modification et qu'on prit l'habitude de considérer dans la pratique politique et judiciaire comme une partie intégrante de la Constitution. Ce décret abolissait la censure, confiait aux tribunaux ordinaires la juridiction des délits de presse et donnait pouvoir au Procureur Général de confisquer l'édition entière d'un journal si, à son avis, elle contenait matière de crime, cette confiscation devant être suivie d'un procès. Après l'unification de l'Italie cet édit fut étendu à tout le pays. En 1906 le pouvoir de confisquer un journal fut aboli par une loi du Parlement.

Sous ce régime de liberté absolue on observa une augmentation constante du nombre et du tirage des journaux. En 1880 le journal à plus fort tirage, « Il Secolo », vendait 25.000 exemplaires par jour. En 1914 le « Corriere della Sera » tirait à 600.000 exemplaires. En 1020 la presse politique italienne était ainsi répartie :

Quotidiens	157
Hebdomadaires	843
Journaux humoristiques	79
Revues d'études politiques et sociales	398
Organes de syndicats, des organisations professionnelles, etc.	888
Agences d'information	22

En dehors de cette presse spécialement politique, il y avait 1780 périodiques consacrés à la religion, à la jurisprudence, à la

médecine, à la philosophie, aux beaux-arts, à l'histoire, à l'agri-
culture, etc. (1).

Au cours des deux premières années de l'activité fasciste
(1921-1922) les journaux qui déplaisaient aux fascistes eurent
très souvent à subir les rigueurs d'un traitement « révolution-
naire ». Les imprimeries, les locaux de rédaction, les machines
furent détruits ou incendiés. Les directeurs et les rédacteurs battus, blessés, tués, exilés. Des éditions entières des journaux furent
brûlées à la sortie de l'imprimerie ou aux gares des chemins de
fer. Les camelots furent menacés ou battus, les marchands de journaux virent leurs kiosques incendiés.

A la fin de 1922, après la Marche sur Rome, les journaux
politiques peuvent être répartis en trois catégories :

1. — Les journaux fascistes, d'origine récente, mal dirigés et
mal écrits, entretenus par les subventions des industriels, des grands
propriétaires et des financiers et lus par un petit nombre de personnes ;

2. — Les organes des partis de gauche, adversaires loyaux du
nouveau régime ; ils étaient, en règle générale, appuyés par les
organisations de la petite bourgeoisie et de la classe ouvrière ;

3. — Les journaux à grand tirage, conservateurs ou libéraux,
très souvent admirablement faits ; ils furent tous plus ou moins
favorables au Fascisme pendant les deux premières années, mais,
après la « Marcia su Roma », leur hostilité augmenta toujours à
mesure que les fascistes s'appliquaient à démolir successivement
la Constitution.

Pour combattre cette opposition grandissante les fascistes
commencèrent à appliquer leurs méthodes « révolutionnaires »
à ces puissants organes (2).

Les Préfets des provinces commencèrent à confisquer et à
suspendre la publication des journaux sans que nulle loi, ni même
nul décret ne l'autorisât.

L'organe du parti socialiste réformiste de Milan « La Giustizia » eut ses locaux saccagés en décembre 1923 et en avril et septembre 1924. Le CORRIERE DELLA SERA, libéral, eut des éditions
toutes entières brûlées en avril 1923 et en septembre 1924. Ses
bureaux, dans le centre de Milan, furent envahis sous les yeux des
« carabinieri ». Son gérant, M. Balzan, fut bâtonné, etc., etc. Le
9 mars 1923 le Préfet de Trente suspendit jusqu'au 13 mars la
publication du journal communiste IL LAVORATORE. Le Préfet de
Vérone confisqua L'UNITA' le 7 avril 1923. Le Préfet de Turin
confisqua LE GALLETTO d'Asti le 19 avril 1923. En Juillet 1923,
le Préfet de Trévise suspendit la publication du journal LA RIS-
COSSA. Le 21 août 1923 le Préfet de Trente obligea le journal de
langue allemande de Botzen DER TIROLER à changer son nom.

------

(1) « Annuario della Stampa italiana », 1921.

(2) Voir Matteotti : UN ANNO DI DOMINAZIONE FASCISTA,
pag. 86 e seg. : une liste des actes de violence, commis contre la presse, de
novembre 1922 à novembre 1923.

Cet ordre n'est fondé sur aucune loi, ancienne ou nouvelle, de l'Etat libéral ou de l'Etat fasciste.

Le lecteur pense peut être qu'il est impossible, en plus de ces mesures arbitraires, d'en appliquer encore d'autres pour réduire au silence les écrivains et les journalistes. Erreur ! Il ne faut pas oublier qu'il y a toujours moyen de mettre en action les méthodes « révolutionnaires ».

Le 25 septembre 1925 le délégué du Comité Exécutif fasciste du Piémont envoya l'ukase suivant au directeur du journal libéral LE PROGRESSO, *de Dronero, dans la province de Cunéo* :

« Il est tombé sous mes yeux quelques exemplaires de votre journal pamphlétaire qui contiennent des articles qui ne me plaisent pas. Ils ne me plaisent pas parce qu'ils sont faux et malveillants. Par conséquent en tant que fasciste je vous ordonne de mettre fin à votre stupide campagne. N'imaginez pas que par le fait que vous vivez ou plutôt que vous végétez à une certaine distance du centre, vous allez jouir d'une immunité perpétuelle. Votre tour viendra ».

Le 2 octobre 1925, le Comité Exécutif du Fascio de Parme apprenant que le journal LE PICCOLO, qui était l'organe des francsmaçons et des bolchévistes de Parme, se prépare à reparaître sous un autre nom, interprète cette attitude comme un défi et annonce que ce défi sera relevé par tous les fascistes de la province de Parme.

Le 16 janvier le journal hebdomadaire ROMA FASCISTA ordonna le boycottage du journal humoristique BECCO GIALLO et des pièces de théâtre de son directeur Alberto Giannini.

« Angelo Musco (le directeur de la compagnie) est courtoisement mais énergiquement prié de ne pas continuer les représentations au Théâtre National des œuvres (parfaitement idiotes du reste) de ce bandit de Giannini ou d'autres auteurs de son espèce ; en cas contraire les applaudissements qu'il obtient seront changés en sifflets...

Les fascistes ne doivent pas acheter un seul exemplaire de ce journal criminel. Ils doivent par tous les moyens empêcher sa circulation en employant surtout les avertissements et la persuasion. Les marchands de journaux, s'ils sont fascistes, doivent se refuser de le vendre. S'ils ne sont pas fascistes, ils doivent garder le journal, sans le déplier : l'exposer sera considéré comme une provocation. Les citoyens ne doivent plus lire le BECCO GIALdoivent garder le journal, sans le déplier : l'exposer sera considéré équivalent à acheter une cravate rouge ou un mouchoir rouge pour en parer son veston. Les travailleurs fascistes doivent défendre l'entrée du BECCO GIALLO dans leurs ateliers. Les employés des chemins de fer doivent empêcher sa sortie de la gare de Rome. Nous savons que le jour de la parution du journal il existe des gens (qui ne sont pas des marchands) qui emportent des exemplaires du journal à 5 heures du matin pour les vendre avant la confiscation du journal. Que ces gens se tiennent sur leurs gardes, il y a des fascistes à Rome disposés à se lever à 4 heures du matin. A bon entendeur salut ! »

Le BECCO GIALLO opposa une résistance d'un mois. Puis, il cessa ses publications.

Dans le LAVORO de Gênes, le 12 février 1926, parut un ukase de la Fédération Fasciste d'Impéria qui avertissait le journal non

fasciste de San-Remo « L'ECO DELLA RIVIERA » de ne pas toucher
à des sujets concernant le fascisme sous peine de suppression.

Voilà un ukase du secrétaire de la Fédération fasciste de la
province de Ravenna:

Ravenne, 10 septembre 1926. — Confidentiel. — Personnel. —
Urgent. — « Nous apprenons par la VOCE REPUBLICANA que
dans certaines localités on a accepté la proposition de donner le salaire d'une
journée de travail pour faire vivre le journal. La vigilance la plus stricte
et les mesures les plus énergiques doivent être prises pour empêcher le journal
de réaliser son projet. Ces instructions équivalent à un ordre bien précis
pour tous les membres de notre organisation, du plus haut au plus bas. »

Passarelli, secrétaire fédéral (1).

Le ROMA FASCISTA du 1er octobre 1926 remarque que le
MONDO du 30 septembre s'était abstenu de tout commentaire sur
l'entrevue Chamberlain-Mussolini à Livourne.

« Les regards du monde entier ont été concentrés hier sur le yacht ancré
dans le port de Livourne, du monde entier à l'exception du MONDO. Il
aurait dû être confisqué. Il est des silences plus nuisibles que des critiques
ouvertes. L'acheteur du journal qui dépense son argent ne doit pas être volé
par les réticences du journaliste, ou bien, ce qui est pire encore, volontairement
tenu dans l'ignorance ou insidieusement empoisonné par des soupçons, des
insinuations, des demi-mots. Nous demandons des mesures contre le silence de
la Presse. »

En septembre 1927, une banque de Ferrare envoya à l'imprimeur son bilan mensuel signé par le Commissaire des comptes,
qu'on appelle en Italie « syndic ». Malheureusement, sous l'ancien
régime le mot « syndic » (sindaco) désignait aussi le maire. Sous
le « nouveau régime » les maires ont été remplacés par des commissaires du gouvernement (podestà). L'imprimeur alarmé remplace dans le bilan le mot SINDACO par le mot PODESTA. Le
directeur de la banque rétablit le mot SINDACO. L'imprimeur
écrit alors une lettre dans laquelle il exprime son étonnement
qu'une banque si importante ne se conformât pas aux lois récemment promulguées par le gouvernement fasciste : le nom et la
fonction de « sindaco » n'existaient plus ayant été remplacés par
le « podestà » (Journal de Milan : *Italia* du 9 octobre 1927).

Sous une telle avalanche de mesures « révolutionnaires »
et normalisatrices, le nombre de journaux soupçonnés de tendances
subversives était réduit en octobre 1927 à 27 seulement pour toute
l'Italie, dont seize quotidiens ; six libéraux, cinq chrétiens démocrates, deux socialistes réformistes, un socialiste, un communiste
et un républicain. Après l'attentat Zamboni contre Mussolini, le
gouvernement ordonne la suspension pour une période indéfinie
de toutes les publications hostiles au régime. SOLITUDINEM
FACIUNT, PACEM APPELLANT.

Un des journaux suspendus, la STAMPA de Turin, réapparut
le 1er décembre après un mois de silence :

____

(1) Le document a été publié par le *Corriere degli Italiani*, Paris, le
14 octobre 1926.

« Ce n'est qu'en apparence cependant que la STAMPA d'aujourd'hui
continue sa publication et représente le même journal que l'on supprima après
l'attentat de Bologne.

En effet, à la suite d'une pression politique irrésistible, l'ancien proprié-
taire M. Frassati a cédé le journal à deux industriels de Turin, M. Agnelli
de la Fiat et M. Gualino de l'industrie de la soie artificielle. Ces deux
magnats de la finance subissant contre leur gré la même pression, ont donné
l'argent pour cet achat. M. Frassati était décidé à supprimer le journal
plutôt qu'à le voir passer dans le camp des fascistes, mais on l'informa que
s'il ne le vendait pas, le journal serait confisqué sans aucune compensation ».
(MANCHESTER GUARDIAN, 2 décembre, 1926).

Le journal fut vendu pour la somme de 40.000.000 de lires
(TIMES, 1er décembre, 1926).

Le LAVORO de Gênes fut autorisé à reprendre sa publication
en mai 1927 à condition que toute la rédaction soit changée.

Les journaux provenant de l'étranger sont souvent arrêtés
à la frontière italienne ou retardés et non distribués.

Les correspondants des journaux étrangers résidant en Italie
doivent devenir les propagandistes semi-officielles du Gouvernement s'ils veulent éviter des désagréments continus.

Le 23 février 1925 les correspondants de Rome des journaux
étrangers crurent devoir signer une protestation dans laquelle ils
déclaraient qu'il était intolérable que les correspondants étrangers
fussent soumis à des attaques violentes et tendancieuses. Ils récla-
maient le droit pour les correspondants étrangers de prendre leurs
informations aux sources les plus différentes sans pour cela être
accusés de participer à la lutte politique intérieure, alors qu'ils
s'étaient toujours conduits et avaient l'intention de se conduire
comme de simples spectateurs. Ils menacèrent que, « si l'état de
choses présentes allait durer, l'Association de la presse étrangère
devrait en référer à d'autres Associations confédérées pour l'éta-
blissement d'une action combinée. » (TRIBUNA, 24 février, 1926).

Le 1er juillet 1926 M. Grandi, sous-secrétaire aux Affaires
Étrangères, a fait les déclarations suivantes aux journalistes
étrangers :

« Il n'est pas vrai que le fascisme exerce une censure sur l'activité et
les dépêches de nos correspondants étrangers. Les dépêches sont soigneusement
examinées, ce qui apporte souvent un retard dans leur transmission. Mais leur
transmission n'est jamais refusée. »

La vérité est que les dépêches qui conviennent au parti fasciste sont immédiatement transmises : la transmission des autres
n'est pas refusée, mais retardée d'un ou de deux jours seulement.
De cette manière, les dépêches arrivent après que la version
fasciste a déjà circulé, de sorte que la version non fasciste, qui
n'a plus d'actualité, n'offre plus aucun intérêt. Les journalistes
étrangers qui dépassent les limites de la prudence sont traduits en
justice ou bien expulsés, ainsi qu'il advint du correspondant de
CHICAGO DAILY NEWS, Mr. Georges Seldes (1). Le 14 mars

_____

(1) M. Seldes a publié dans l'HARPER'S MAGAZINE nov. 1927,
un récit de ses aventures journalistiques en Italie qui mérite d'être lu.

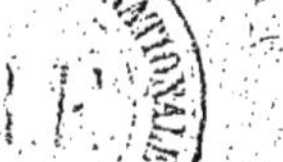

1927, un journaliste allemand, M. Karl Delyus, fut condamné à
trente jours de prison pour avoir envoyé aux journaux allemands
des articles et des photographies désagréables au gouvernement
fasciste. S'il avait été un journaliste italien, il aurait été condamné
non pas à 30 jours, mais à 15 ans de prison. La bâillonnement
et la suppression totale de la presse indépendante a donné nais-
sance, comme il était facile de le prévoir, à une floraison de la presse
clandestine. Cette presse est sévèrement persécutée. Une des premières persécutions a été dirigée contre la feuille clandestine NON
MOLLARE (Ne lâche pas) qui circula à Florence en 1925. En juin
1925 trois avocats ont été jugés pour l'avoir fait circuler et l'un
d'eux a été condamné à 17 mois de prison.

Les actes de violence contre les francs-maçons furent pro-
voqués, en septembre 1925, par le soupçon que le NON MOLLARE
était une de leurs créations. Le 30 novembre un conducteur de
tramway fut condamné à trois mois de prison pour avoir été
surpris en train de passer un exemplaire de ce journal à un de
ses amis (CORRIERE DELLA SERA, 1. Décembre, 1925).

Il y a une vague continue d'arrestations et de sentences pour
des délits relatifs à cette presse clandestine. En dix jours nous
avons recueilli les cas suivants :

    1926, le 5 mai, Busto Arsizio, deux condamnations ; le 6 mai,
       Bielle, 7 condamnations ; le 13 mai, Rome, 4 condamnations;
      le 15 mai, Trieste, 3 condamnations.

Après l'institution du « Tribunal spécial pour la défense de
l'Etat « toute personne trouvée en possession d'un journal clan-
destin est passible de 4, 6, 10 ou même 12 ans de prison comme
coupable d'une conspiration qui aurait pour but « de soulever
une révolte armée contre les autorités de l'Etat ».

Dans le CORRIERE DELLA SERA du 13 novembre 1927 nous
lisons :

« Le Tribunal spécial pour la défense de l'Etat a condamné
Marino Graziano el Giorgina Rossetti, coupables d'avoir conspiré
pour le changement de la constitution de l'Etat et pour l'excitation
à la guerre civile au moyen de publications clandestines et sédi-
tieuses. Graziano et la Rossetti, qui ont avoué leur crime, sont men-
tionnés dans les rapports de la police comme des membres du
Parti communiste connus pour leur propagande parmi les travailleurs de la province de Bielle. Des exemplaires de journaux
communistes ont été trouvés chez Graziano et des feuillets d'un
caractère séditieux, par lui imprimés, ont été trouvés chez sa
fiancée.

A l'interrogatoire, Graziano a admis d'avoir imprimé et distri-
bué des pamphlets séditieux parmi ses camarades, mais il a nié que
sa fiancée ait eu connaissance de ce qu'il faisait ni qu'elle fût communiste. Mais alors, demanda le juge, comment se fait-il qu'une
grande partie de ce matériel séditieux ait été trouvé chez mademoiselle Rossetti ? « Parce que le matériel a été à moi », répondit
l'accusé, « et je ne pouvais le garder à la maison étant donné que
ma famille s'y refusait.» Mademoiselle Rossetti nie être communiste

et déclare qu'elle ignorait tout de la propagande communiste de
son fiancé. Trois « carabinieri » affirmèrent que Graziano et mademoiselle Rossetti étaient tous deux communistes. Le Tribunal les
condamne tous les deux à 18 ans de prison chacun ».

A la séance du Sénat du 16 décembre 1925, le sénateur
TAMASSIA regrette que la loi sur la presse italienne ait « séparé
l'Italie du reste de l'Europe ».

MUSSOLINI interrompt : « Non, non. »

TAMASSIA : « Il y a seulement un pays en Europe pareil à
l'Italie et c'est la Russie ».

MUSSOLINI : « Vous vous trompez, il y a également l'Angleterre ». (*D'après le compte-rendu officiel*).

M. Grandi, (sous-secrétaire aux affaires Etrangères) déclare
dans l'interview qu'il accorde à la MORNING POST, 24 janvier
1926, que « les nouvelles lois fascistes sur la presse ne présentent
pas de différences appréciables avec celles de l'Angleterre. Le
MORNING POST reproduit en toute sincérité cette affirmation.

Dans une interview qu'il accorde à un des journalistes étrangers, qui se prêtent si aimablement à devenir les agents de la
« propagande », Mussolini nie formellement, en janvier 1927, que
la liberté de la presse ait été abolie en Italie.

« J'expliquerai clairement, dit-il, mon attitude vis-à-vis de la
presse. Vous commettez une erreur lorsque vous supposez que
j'ai supprimé la liberté de la presse. Tous les journaux sont
autorisés à publier ce qu'ils veulent, à condition qu'il n'y ait pas
d'infraction aux lois récemment votées pour la protection des
intérêts légitimes du Gouvernement et de l'Etat. Si l'un d'eux
enfreint ces lois et publie quelque chose qui puisse ébranler
l'autorité de l'Etat ou bien produire de l'inquiétude dans le public,
— eh bien ! il est alors sujet à la loi sur la confiscation. Ceci ne
veut pas dire que le journal est supprimé pour toujours. Il est
saisi dans les kiosques et l'éditeur est admonesté. Je garde la plus
grande impartialité vis-à-vis de tous les journaux et j'ai eu
l'occasion de saisir même des journaux fascistes parce qu'ils
avaient publié des nouvelles destinées à produire de discordes
civiles. La Presse doit être contrôlée ; ou pour mieux dire maintenue dans le respect des lois, lorsque ces lois ont été votées
dans l'intérêt collectif de la population. Mais la justice est égale
pour tous, pour les adversaires du régime aussi bien que pour
les fascistes ».

Quatre mois ne s'étaient pas écoulés et le même Mussolini,
dans son discours du 26 mai 1927, annonçait triomphalement à
la Chambre des députés :

« Tous les journaux de l'opposition ont été supprimés. » (Or, la suppression datait du mois de novembre 1926, c'est-à-dire elle était de deux mois
antérieure à l'interview de Janvier 1927 !)

Il joue à l'homme fort seulement en Italie où il peut corro-
borer ses arguments par l'emploi de la matraque. Il n'ose pas à
l'étranger jouer cartes sur table, il cache son visage derrière un
masque de prétextes enfantins ou des mensonges grossiers.

La propagande à l'étranger insiste sur le danger de la publicité accordée par les journaux aux grands procès. Il y a certes un grand inconvénient à ce que la presse discute des procès en cours de procédure. Mais la nouvelle législation fasciste ne l'a pas du tout évité ; elle a supprimé les journaux antifascistes et a laissé libre cours aux excès les plus sauvages des journaux fascistes. L'extrait suivant est pris d'un article du secrétaire adjoint du Parti fasciste, publié dans MILIZIA FASCISTA du 23 octobre 1926 :

« Les journaux annoncent la discussion prochaine du procès Zaniboni-Capello. Nous demandons que l'on ne montre aucune pitié. Tout ce qui peut parler en faveur des criminels, leurs décorations de guerre, leur position sociale, leur grade dans l'armée, doit constituer aujourd'hui une aggravation de leur faute, un crime en plus. Nous demandons pour eux la peine de mort. Notre demande n'est pas illégale, elle est moralement justifiée. Le Fascisme ne peut rester impassible devant la farce d'une sentence commune pour des gens qui sont capables de crimes les plus infernaux. » (1).

En mai 1927 un certain Girolimoni a été arrêté à Rome sous l'inculpation d'avoir, dans les trois années précédentes, violé et tué plusieurs petites filles. Quelques semaines après il a été mis en liberté car il a pu démontrer d'une manière irréfutable son innocence. Nous donnons ici deux lettres parues dans les journaux peu de temps après son arrestation :

1. — « C'est avec la plus grande joie que nous remercions la police qui, aux ordres et sous l'autorité du Duce, a décidé de mettre fin à une série de crimes abominables. Aujourd'hui l'Italie juge quelle peine doit être prononcée contre ce monstre. Nous pensons que les travaux forcés à perpétuité, la pendaison, la fusillade sont des peines terribles, mais pas assez terribles pour des crimes aussi diaboliques. Le coupable est un monstre, une bête féroce et sa fin doit être digne de sa brutalité. »

2. — « Ayant été privé de la satisfaction de voir les infâmes Zaniboni et Capello condamnés à mort, le peuple a maintenant le droit sacré de prétendre que ce monstre à l'apparence humaine soit tué sans autre procédure ».

Lorsque les juges d'instruction furent obligés de déclarer que le malheureux était innocent, la presse reçut l'ordre de garder silence sur l'issue du procès.

Si l'on veut donner une idée exacte de la vérité, il faut reconnaître qu'il y a maintenant en Italie trois espèces de procès :

a) procès dans lesquels les accusés sont des fascistes. Les journaux ne sont autorisés à publier que les nouvelles données par le gouvernement ;

b) procès dans lesquels les accusés sont anti-fascistes. Les journaux peuvent publier sur les accusés tout ce qu'ils veulent, avant, pendant et après le procès ;

c) procès qui n'ont aucun rapport avec la politique. Les vieilles habitudes subsistent avec tous leurs abus et tout leur scandale. En outre, étant donné que les informations et les discussions politiques sont peu nombreuses et peu intéressantes,

____

(1) Ce n'est d'ailleurs pas l'unique exemple de l'ingérence des journaux fascistes dans la procédure judiciaire.

les journalistes s'efforcent de vendre leur plume en examinant et
réexaminant dans leurs colonnes toute cause célèbre, avec un
manque de dignité et de discrétion que « l'ancien régime » ne
connaissait vraiment pas.

Un correspondant du TIMES écrivait au mois d'août 1927 :
«La liberté a été supprimée seulement pour ceux qui auraient pu dire
ou pu écrire quelque chose contre le nouveau régime et le *credo* fasciste.
Pour tous les autres la liberté est restée intacte. Prenons par exemple la presse
italienne. Tous les journaux indépendants et tous les journaux adversaires
ayant été supprimés, on entend souvent l'observation absurde que la presse
italienne (celle qui subsiste) n'est pas libre. Elle n'est pas seulement libre,
mais elle est extrêmement licencieuse. Elle ne connait plus de de limites, ni dans
l'exaltation et l'apothéose de tout ce qui est fait par le gouvernement et par
le parti, ni dans le mépris de ceux qui ont osé se mettre contre eux, ni dans
l'effort de cacher tel événement et d'en exagérer tel autre, ni dans le mépris
de ceux qui sont tombés, ni dans l'adulation de ceux qui sont au pouvoir. »

G. SALVEMINI.

I

Le Cimetière

Presse italienne supprimée ou „fascistisée"

DIVISION A

Les grands journaux et révues

Cette division comprend quelques quotidiens et les périodiques les plus connus ajustés sur des cartons sans distinction de parti ou tendance et que le gouvernement a supprimés ou « fascistisés » d'autorité. Chacune de ces feuilles représente une période plus ou moins longue de l'histoire politique italienne et résume en soi des épisodes et des aspects de la dure bataille livrée par le journalisme italien à la dictature fasciste.

Cette bataille a atteint son point culminant après l'assassinat de GIACOMO MATTEOTTI ; c'est alors que la presse indépendante réclama de toutes ses forces un procès judiciaire et fit pour son compte un procès politique et moral aux assassins et leurs complices directs ou indirects.

Le manque de place ne nous permet pas de rappeler toutes les campagnes menées par les différents journaux, ni les épisodes, souvent dramatiques de leurs luttes, pas plus que les persécutions atroces dont tous ont été les victimes, ni les violences subies par leurs directeurs, rédacteurs, collaborateurs, vendeurs et lecteurs.

L'exposition et son catalogue doivent se borner à recueillir sous une forme schématique quelques données essentielles sur la vie des quotidiens et d'autres périodiques dans la mesure que nous le permettent les éléments réunis sur nos cartons.

N° 1 (1)

L'AVANTI, l'organe du parti socialiste italien a été fondé le 25 décembre 1896. Après la guerre, contre laquelle il a combattu, L'AVANTI eut ses locaux à lui, des machines type-lithographiques modernes et faisait paraître trois éditions : la première à Milan pour l'Italie du centre et du Nord-Est, la deuxième à Turin pour l'Italie du nord-ouest, et la troisième à Rome, pour le Latium et le Midi.

A côté du Journal on fonda une société d'éditions qui publia des collections d'études sociales et politiques, italiennes et étrangères. La rédaction de L'AVANTI, son imprimerie, sa maison d'éditions furent maintes fois dévastées par les fascistes : en avril 1919, en août et en octobre 1922, en septembre et le 31 octobre 1926.

L'AVANTI a été confisqué 37 fois en 1924, 61 fois en 1925 et 34 fois du 10 janvier au 31 octobre 1926, jour de sa suppression. Dans ce chiffre ne sont pas comprises les confiscations partielles ordonnées par les préfets de différentes provinces.

Son tirage en 1921 et 1924 dépassa 210 milles exemplaires par jour. On peut voir sur nos cartons les photographies des locaux de la rédaction milanaise de l'AVANTI, avant et après la dévastation, et les portraits des directeurs de l'AVANTI au cours de ses trente ans de vie : *Bissolati, Morgari, Treves, Serrati, Nenni, Momigliano*. Deux places sont vides : elles devraient porter les portraits d'Enrico Ferri, transfuge du socialisme, et de Benito Mussolini, l'animateur ardent du journal et du parti de 1912 à 1914, qui devint ensuite son martyrisateur et destructeur.

Le dernier directeur de l'Avanti, le député Momigliano, est en déportation.

N° 2

LA GIUSTIZIA, ancien quotidien des socialistes de Reggio Emilia, fut transporté à Milan au mois de juillet 1922 pour devenir l'organe de la fraction réformiste du parti socialiste unitaire. Son tirage qui, en 1922, était d'environ 30.000 exemplaires, monta en 1924 à plus de 170.000 après l'assassinat de *Matteotti*, collaborateur actif de la GIUSTIZIA et socialiste unitaire qui, dans les colonnes du journal, avait dénoncé les abus et les violences du Fascisme.

La GIUSTIZIA a été confisquée plus de cent fois. Les locaux de rédaction et d'administration et la typographie furent maintes fois envahis et dévastés ; en particulier en 1922, après la grève générale proclamée par l' « Alliance du Travail » ; en 1923, après un discours de M. Stefani, alors ministre des Finances ; et en 1924, après l'assassinat du député fasciste Casalini.

Les revenus de la GIUSTIZIA provenaient de la vente, des

______

(1) Le numérotage des paragraphes correspond au numérotage des Cartons.

26

abonnements (5.000 environ), de la souscription permanente, qui rapportait un demi million de lires par an, et des contrats de publicité, qui donnaient, environ, 300 mille lires par an. Chaque confiscation causait à l'administration un dommage qui dépassait les 5.000 lires.

En novembre 1925, après la dénonciation de l'agent provocateur Quaglia concernant la tentative d'attentat manquée du député Zaniboni, le gouvernement fit dissoudre le parti socialiste et donna l'ordre de sceller les bureaux d'administration et de rédaction du journal. Les sceaux furent levés trois mois après, lorsque la GIUSTIZIA n'était plus en état de reprendre ses publications.

Son directeur, M. *Claudio Treves*, député, n'a pu se soustraire aux persécutions du Fascisme qu'en s'exilant. Tous les rédacteurs sont dispersés et persécutés. Quelques-uns d'entre eux, sont obligés de mener en Italie une existence humiliante de surveillance et de vexations ; d'autres, tels que Pallante Rugginenti, se sont réfugiés à l'étranger.

N° 3

La VOCE REPUBBLICANA, organe quotidien du parti républicain italien, fut fondé le 15 janvier 1921. Il fut dirigé jusqu'au mois de décembre par *Giovanni Conti*, député républicain de Rome, et ensuite par le professeur *Ferdinand Schiavetti*, qui en tint la direction jusqu'au jour de la suppression, ordonnée par le gouvernement fasciste (octobre 1926). Pendant l'occupation fasciste de Rome, le journal fut le premier à publier quelques numéros clandestins.

La VOCE REPUBBLICANA vivait des fonds que lui rapportait la souscription publique, de la vente journalière et des abonnements. Le maximum des entrées pour ses contrats de publicité fut de 35.000 lires en 1921, sur 883 mille lires de recettes.

Le 6 mai 1923 le journal républicain reproduisit un memorandum présenté au Grand Conseil Fasciste contre le sous-secrétaire De-Vecchi, qu'on considérait responsable des massacres de Turin, et actuellement Gouverneur de la Somalie. Le député Balbo, alors généralissime de la Milice fasciste et actuellement sous-secrétaire d'Etat pour l'aviation, que la VOCE REPUBBLICANA avait accusé d'être l'instigateur de violences atroces contre des adversaires politiques, porta plainte pour diffamation contre la VOCE RE-PUBBLICANA ; après un procès très bruyant le journal fut acquitté par le tribunal.

Ce fut le premier journal « averti » par effet des décrets sur la presse de juillet 1924. Les avertissements (diffide) se succédèrent deux ans de suite, ainsi que des centaines de saisies et deux longues suspensions (janvier et novembre 1925). Ses locaux furent maintes fois dévastés ; très gravement, en septembre 1924 ; en novembre 1925 ; en octobre 1926. Son directeur, à l'heure actuelle exilé en France, fut battu furieusement à l'occasion de l'attentat contre

Mussolini à Bologne. Beaucoup de ses rédacteurs furent sujets à persécutions, aggressions et représailles. Parmi eux, le député Mario Bergamo, le fidèle défenseur des héroïques travailleurs de Molinella, obligé, lui aussi, de s'évader en France. Sur notre carton on peut voir les portraits de M. *Conti*, de M. *Bergamo*, de M. *Chiesa*, ministre pendant la guerre et, lui aussi, réfugié en France.

N° 4

IL MONDO fut fondé à Rome en décembre 1921 et a toujours combattu le Fascisme, avant, durant et après la marche sur Rome, au nom des principes mêmes de la démocratie. Il fut dirigé par M. *Alberto Cianca* et eut, parmi ses principaux rédacteurs et collaborateurs : *Giovanni Amendola*, ancien ministre, fondateur et chef de l'Union démocratique nationale, dissoute par le Gouvernement fasciste, trois fois attaqué par les chemises noires (deux fois à Rome et une troisième fois près de Montecatini), mort à Cannes à la suite des blessures et des coups reçus pendant la dernière aggression ; *Carlo Sforza*, ancien ministre, ancien ambassadeur, sénateur, chevalier de l'Ordre de l'Annonciade, la plus importante décoration en Italie, dont les décorés sont qualifiés « cousins du roi » ; *Meuccio Ruini*, ancien député, ancien ministre, ancien Conseiller d'Etat, privé de cette dernière charge uniquement pour sa qualité d'ennemi du régime ; *Guglielmo Ferrero*, l'historien de réputation internationale ; *Roberto Bencivenga*, général de l'armée italienne, député, dernier président de l'Association de la Presse, actuellement en déportation ; *Roberto Bracco*, écrivain et auteur dramatique bien connu, député, dont la maison fut plusieurs fois envahie et dévastée ; *Enrico Presutti*, ancien maire de la ville de Naples, député, professeur de droit à l'Université de Naples, privé de sa chaire comme membre de l'opposition ; *Carlo Fadda*, sénateur, professeur de droit à l'Université de Rome ; *Francesco Ruffini*, ancien ministre, sénateur, professeur de droit à l'Université de Turin ; *Adriano Tilgher, Giuseppe de Falco*.

Dans les derniers mois de 1924, période dans laquelle le journal publia le memorandum de Cesare Rossi, (ancien chef du bureau de Presse à la Présidence du Conseil des ministres) contre Mussolini et la « Tcheka » fasciste, le tirage du MONDO dépassa 350 mille exemplaires. En novembre et en décembre 1925, en janvier 1926 et en avril 1927, il fut saisi régulièrement tous les jours ; ces saisies des différentes éditions dépassèrent 50?. Les locaux du MONDO furent envahis une douzaine de fois et enfin après un avertissement (diffida) il fut supprimé en novembre 1926. La nuit du 31 octobre, ses locaux, bureaux, machines d'imprimerie, de même que la maison privée du directeur, furent dévastés et en grande partie détruits. Pour se soustraire au domicile forcé, son directeur se réfugia à l'étranger. Outre M. Amendola, beaucoup de ses rédacteurs, collaborateurs, voire même de ses correspondants, furent persécutés ou subirent toutes sortes de violences.

Sur le carton on peut voir une petite photographie de M.

Amendola à côté d'une autre qui reproduit un groupe de « chemises noires » après la dévastation des bureaux du journal, brandissant leurs trophées.

Nᵒ 5

IL RISORGIMENTO a été fondé à Rome en mars 1925, sous la direction de M. *Alberto Cianca.* C'était un journal d'opposition démocratique au fascisme. Malgré ses nombreuses saisies (plus de cent en quelques mois) le journal atteignit un tirage de presque 120 mille exemplaires par jour. Après avoir subi plusieurs invasions et destructions, il a été supprimé en novembre 1926.

Nᵒ 6

IL POPOLO a été fondé à Rome le 4 avril 1923, comme organe du parti populaire italien (démocratie catholique), sous la direction de M. *Giuseppe Donati.* Pendant la bataille acharnée qui suivit l'assassinat de Matteotti, *M. Donati* présenta à la Haute Cour de Justice du Sénat un mémoire détaillé et documenté contre le général De Bono, directeur général de la Police, qui avait favorisé la fuite du sicaire Dumini, et aidé à cacher les pièces à conviction.

IL POPOLO qui comptait parmi ses principaux collaborateurs le prêtre, professeur *Luigi Sturzo,* chef du parti populaire, et qui, en 1924, avait dépassé un tirage de plus de 150.000 exemplaires, fut dès lors sujet à des saisies continuelles. 11 en 1924, 94 du premier janvier au 5 juin 1925, 25 du 17 juillet au 6 novembre 1925). Suspendu du 5 juin au 17 juillet 1925, plusieurs fois envahi et dévasté, il est enfin supprimé le 6 novembre de la même année (1925). *M. Donati,* ouvertement menacé d'assassinat par la presse fasciste, se vit obligé de quitter l'Italie. Ce fut un nouveau genre de « bannissement » aggravé de violences sur la personne de l'exilé. M. Donati tomba ensuite sous le coup du fameux décret de « dénationalisation ». Un autre rédacteur du POPOLO, *Carlo Silvestri,* est actuellement en déportation.

Nᵒ 7

IL COMUNISTA était, avant la « Marche sur Rome », l'organe central du parti communiste, et se publiait à Rome. Le journal fut détruit par les fascistes le jour même de la « Marche sur Rome ». Il avait alors un tirage de 10.000 exemplaires. Son directeur était le docteur *Palmiero Taglietti, exilé,* contre lequel le Tribunal spécial a émis, en contumace une sentence féroce. Un des animateurs du journal, *Amedeo Bordiga,* député, envoyé au domicile forcé dans l'île de Ustica, est actuellement enfermé, avec d'autres camarades, dans la prison « Ucciardone » à Palerme, sous l'accusation de complot pour l'évasion : complot qui est tout simplement une infâme invention combinée, contre ces innocentes victimes, par le gouvernement fasciste secondé de ses agents provocateurs.

N° 8

UMANITA NOVA, quotidien anarchiste, à été fondé à Milan en février 1920 et détruit une première fois par les escouades fascistes en mars 1921. Il reparut en mai 1921, à Rome, et fut de nouveau détruit en octobre 1922 à l'occasion de la «Marche sur Rome». Son tirage dépassa 50.000 exemplaires en 1920, et en 1921-22 se tint dans les 20.000. Son administrateur, *F. Meniconi*, est actuellement en déportation. Son rédacteur *F. Porcelli*, est condamné au domicile forcé. Les autres rédacteurs *G. Damiani, L. Fabbri, C. Frigerio*, sont tous exilés.

N° 9

LA CRITICA SOCIALE, fondée à Milan en janvier 1891 par *Filippo Turati* et *Anna Kuliscioff*, était une revue bi-mensuelle du socialisme, palestre et laboratoire de discussions et d'idées. La revue réunit autour d'elle, pendant les 36 années de son existence, les plus grands représentants de la pensée socialiste et social-démocrate de l'Italie et de l'Europe. Entre autres : *Claudio Treves, Antonio Labriola, Leonida Bissolati, O' Gnocchi, Viani, C. Prampolini, Dario Papa, L. Einaudi; C. Ferrero, A. Loria, G. Salvemini, A. Crespi, G. Zibordi, E. Carrara, U. G. et R. Mondolfo, Arturo Labriola, A. Levi, A. Schiavi, F. Pagliari, O. Gorni. P. Lafargue, F. Engels, G. Kautski*, etc.

La réaction Crispienne (1894-97) l'accabla de saisies. Plusieurs poursuites s'accumulèrent sur la tête de *M. Turati*. En mai 1898, l'état de siège ayant été déclaré en Italie, *M. Turati et Madame Kuliscioff* furent emprisonnés et *Turati* condamné à douze ans de réclusion. La publication du journal fut interrompue de ce fait. Mais le premier juillet 1899, après plusieurs élections de protestation contre la réaction de Crispi, les portes des prisons s'ouvrirent et la CRITICA SOCIALE reparu de nouveau. Un article de Turati resté célèbre, qui s'intitulait simplement : « Heri dicebamus », est encore à la mémoire de tout le monde.

A la fin de 1925, la mort privait M. *Turati* de sa fidèle compagne *Anna Kuliscioff*, qui avait été, 40 ans durant, sa plus vaillante, dévouée et géniale collaboratrice.

Il fallait cependant toute la violence du gouvernement fasciste pour éteindre la lumière de la CRITICA SOCIALE, pour en étouffer la voix. Le journal fut, avec les autres derniers vestiges de la presse libre, supprimé brutalement en septembre 1926, sous l'inculpation grotesque d'avoir publié des articles aptes à exciter le peuple contre le dictateur et à provoquer des attentats à sa personne. Peu après *Turati* se vit obligé de s'exiler. Le crime d' « expatriation clandestine » lui valut une nouvelle condamnation au cachot.

Dès le commencement CRITICA SOCIALE a également lancé une bibliothèque de propagande, dont les brochures et les volumes furent répandus par centaines de milliers. La propagande de

CRITICA SOCIALE avait gagné de grandes sympathies au socialisme, même dans les couches intellectuelles de la bourgeoisie, entre autres il obtint les adhésions significatives d'*Arthur Graf* et d'*Edmondo de Amicis*.

Nous avons exposé les portraits de *Filippo Turati* et d'*Anna Kuliscioff* ; un volume de F. TURATI : *Trent'Anni di Critica Sociale* (1921), ainsi que celui édité en mémoire de Mme Kuliscioff: *Anna Kuliscioff ; In memoria*, publié aussitôt après sa mort, et une petite brochure d'Alexandre LEVI : « *Turati* ».

Nº 10

IL BECCO GIALLO, journal satyrique, a été fondé à Rome le 1er janvier 1924 de l'initiative et sous la direction d'*Alberto Giannini*. Ses dessinateurs furent *Gabriele Galantara* (Rata Langa) et *Joseph Russo* (Girus). Il paraissait toutes les semaines et raillait, avec un fin humour, les hommes et les mœurs du fascisme. En peu de mois, son tirage passa de 50.000 exemplaires au delà de 500.000. La haine fasciste, exaspérée du succès toujours grandissant du journal, se manifestait de toutes les manières : saisies, avortissements sévères des préfets, confiscations, incendies de nombreuses expéditions de journaux, dévastations des bureaux de rédaction et de l'imprimerie, violences répétées et menaces contre la personne du directeur. A. *Giannini* fut traîtreusement attaqué une première fois par Dumini, un des assassins de Matteotti, et par sa bande, et une deuxième fois par Negrini, député et général fasciste, et par un autre chef des « chemises noires », un certain Brunati. La conséquence pratique de toutes ces violences fut la suppression du journal, décrétée officiellement en décembre 1925.

L'ancien gérant a été révoqué d'autorité et il ne fut plus possible d'en nommer un autre, car le gouvernement et le parti ne voulaient en aucun cas que le titre du journal reparaisse de nouveau. Quelques mois plus tard, le même M. *Giannini*, renouvela sa tentative en publiant une autre feuille qui s'intitulait : l'ATTACCABOTTONI. Mais comme le genre du journal n'avait pas trop changé, celui-ci fut également supprimé par le gouvernement, en septembre 1926.

M. *Giannini* fut condamné à cinq ans de domicile forcé ; il réussit à s'évader et à se réfugier en France.

Nº 11

L'hebdomadaire BATTAGLIE SINDACALI fut fondé en 1919 par *Joseph Bianchi*. Son tirage atteint bientôt les 50.000 et 100.000 exemplaires. Le numéro qui prônait la proclamation d'une Constituante politique, dont aurait dû sortir un Parlement républicain élu par les libres Syndicats des producteurs, dépassa même ce chiffre.

Après la mort de *Bianchi*, la direction fut confiée à *Charles*

Azimonti et ensuite à *Bruno Buozzi*, actuellement réfugié à Paris. Cet organe de la Confédération du Travail fut dévasté et persécuté par le Fascisme, de la même manière que les journaux politiques. Il subit le même sort que les autres ; saisies, avertissements, et enfin, en novembre 1926, la suppression par ordre du gouvernement.

N°N° 12 et 13

Les violences fascistes contre la presse se manifestèrent non seulement par les saisies, les avertissements, les dévastations, les procès, mais également par un travail assidu d'intimidation, de pression, de corruption et de fraude. C'est par ces moyens-ci qu'on « fascistisa » de force quelques-uns d'entre les organes les plus autorisés et les plus influents. Les deux journaux italiens à plus solide et riche outillage technique, aux traditions professionnelles de plus longue date et à plus large diffusion, c'étaient le CORRIERE DELLA SERA et la STAMPA, tous les deux à tendances libérales. L'un aussi bien que l'autre de ces deux journaux, après la «Marche sur Rome» prirent nettement l'attitude d'opposition au fascisme ; ils apportèrent la plus grande contribution à la campagne de la presse d'opposition contre le gouvernement après l'assassinat de Matteotti.

Deux cartons de l'Exposition sont destinés à la STAMPA et au CORRIERE DELLA SERA. Iles résument le procès de transformation des journaux dans le sens fasciste, sous la pression et avec l'intervention directe du gouvernement.

N° 12

La STAMPA, après de nombreuses saisies fut suspendue en septembre 1925. Son directeur, le sénateur *Alfred Frassati* menacé de la complète destruction du journal et des machines typographiques, dut céder une partie de sa propriété. Il a été convenu que la STAMPA aurait désormais, pour directeurs, des libéraux, non-fascistes, pour que le journal puisse garder un certain caractère d'objectivité, tout en s'abstenant de la polémique politique, même dans le choix de ses informations.

Deux directeurs furent nommés : MM. *Banzatti* et *Pestelli*. Mais bientôt le Fascisme ne se contenta plus de la solution ; et peu de temps après, il prétendit à la « *fascistisation* » complète du journal, « fascistisation » qui s'accomplit après une courte période de direction de MM. *Pestelli* et *Michelotti*. Elle se manifeste dans le choix du directeur politique du journal. C'est le député fasciste *Andréa Torre*, transfuge discrédité du libéralisme et de la démocratie, qui assume la direction de la STAMPA. Il est presque inutile d'observer que le vieux journal du Piémont, comptant sur une vente quotidienne de presque un demi-million d'exemplaires, en fut réduit à perdre toute son autorité, ainsi qu'un grand nombre de ses lecteurs.

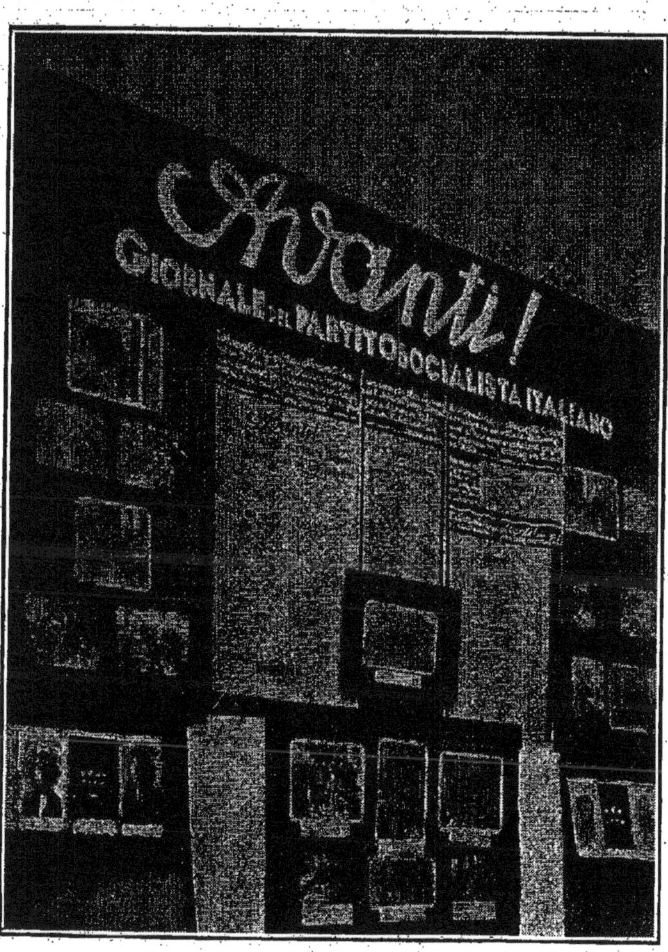
Avanti!
GIORNALE DEL PARTITO SOCIALISTA ITALIANO

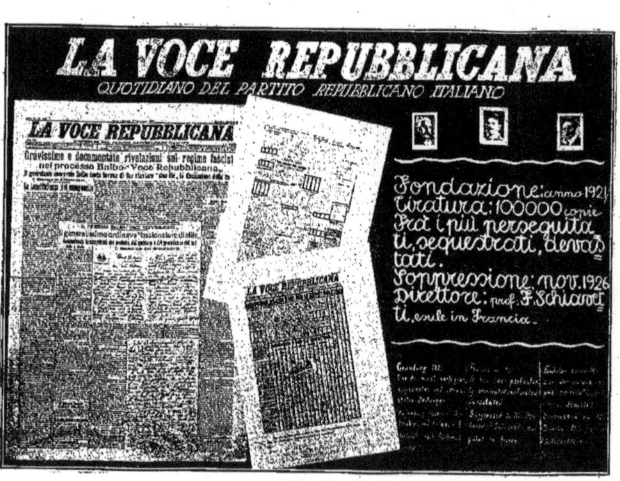

LA VOCE REPUBBLICANA
QUOTIDIANO DEL PARTITO REPUBBLICANO ITALIANO
LA VOCE REPUBBLICANA
Gravissime e documentate rivelazioni sul regime fascista nel processo Balbo-Voce Repubblicana
LA VOCE REPUBBLICANA
Fondazione: anno 1921
Tiratura: 100000 copie
Fra i più perseguitati, sequestrati, devastati.
Soppressione: nov. 1926
Direttore: prof. F. Schiavetti, esule in Francia.

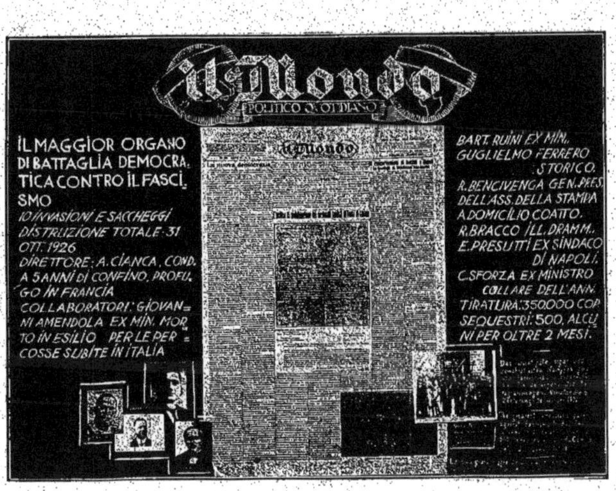
il Mondo
POLITICO QUOTIDIANO
IL MAGGIOR ORGANO
DI BATTAGLIA DEMOCRA.
TICA CONTRO IL FASCI.
SMO
10 INVASIONI E SACCHEGGI
DISTRUZIONE TOTALE: 31
OTT. 1926
DIRETTORE: A. CIANCA, COND.
A 5 ANNI DI CONFINO, PROFU.
GO IN FRANCIA
COLLABORATORI: GIOVAN=
NI AMENDOLA EX MIN. MOR
TO IN ESILIO PER LE PER =
COSSE SUBITE IN ITALIA
BART. RUINI EX MIN.,
GUGLIELMO FERRERO
STORICO.
R. BENCIVENGA GEN. PRES.
DELL'ASS. DELLA STAMPA
A DOMICILIO COATTO.
R. BRACCO ILL. DRAMM.,
E. PRESUTTI EX SINDACO
DI NAPOLI.
C. SFORZA EX MINISTRO
COLLARE DELL'ANN.
TIRATURA: 350.000 COP
SEQUESTRI: 500, ALCU
NI PER OLTRE 2 MESI.

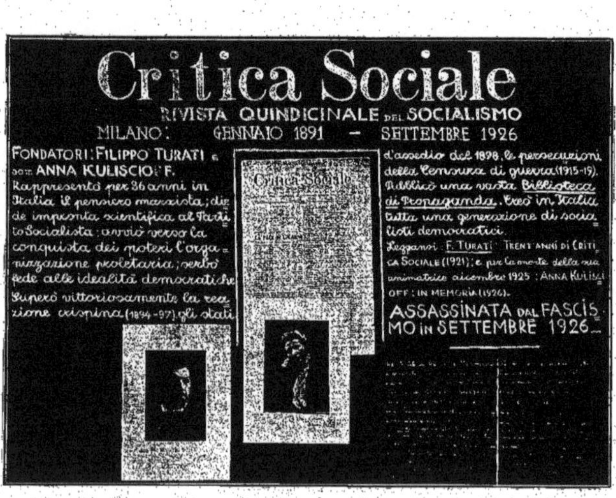

Critica Sociale
RIVISTA QUINDICINALE DEL SOCIALISMO
MILANO: GENNAIO 1891 — SETTEMBRE 1926
FONDATORI: FILIPPO TURATI e Dott. ANNA KULISCIOFF.
Rappresentò per 36 anni in Italia il pensiero marxista; diede impronta scientifica al Partito Socialista; avviò verso la conquista dei poteri l'organizzazione proletaria; serbò fede alle idealità democratiche.
Superò vittoriosamente la reazione crispina (1894-97), gli stati d'assedio del 1898, le persecuzioni della Censura di guerra (1915-19).
Pubblicò una vasta Biblioteca di Propaganda. Creò in Italia tutta una generazione di socialisti democratici.
Leggansi: F. TURATI: TRENT'ANNI DI CRITICA SOCIALE (1921); e per la morte della sua animatrice dicembre 1925: ANNA KULISCIOFF: IN MEMORIA (1926).
ASSASSINATA DAL FASCISMO IN SETTEMBRE 1926

Le CORRIERE DELLA SERA représentait l'affirmation journalistique la plus importante de l'Italie moderne ; et, sans doute, l'une des premières de l'Europe. Par l'augmentation toujours croissante de ses services, la richesse et la rapidité de son appareil d'informations, le choix de ses collaborateurs, le sénateur *Luigi Albertini* avait réussi à créer le plus important et le plus répandu des porte-paroles de l'opinion publique. Après la guerre, le tirage du journal dépassait 700.000 exemplaires. Par tous les moyens, le fascisme essaya de réduire à son joug le grand journal milanais qui, après la « Marche sur Rome », prit une attitude très nette d'opposition. Ni menaces, ni violences, ne furent épargnées : les bureaux du journal furent souvent saccagés et des expéditions entières du journal furent séquestrées. On essaya, ensuite d'attenter à l'honneur même de M. le sénateur *Albertini*, en l'injuriant, le diffamant et l'intimidant de la manière la plus outrageuse. Mais, M. *Albertini* ne cédant point, le gouvernement exerça une pression directe sur les plus grands propriétaires du CORRIERE DELLA SERA, les frères *Crespi*. Ces derniers, se prévalant d'une clause de leur contrat avec M. *Albertini*, le sommèrent, par voie judiciaire, de dissoudre et de liquider la société, ce qui eut pour conséquence l'éloignement de M. Luigi Albertini, sénateur, ainsi que de M. Albert son frère, qui lui avait succédé à la direction du CORR. DELLA SERA. Les causes et la signification de cette supercherie pseudo-légale furent illustrées par le sénateur *Albertini* lui-même au moment d'abandonner la direction du journal dans son article : « Commiato » (Congé), paru dans le numéro du 28 novembre 1925, et dont on peut voir un exemplaire sur le cartion N° 13. La direction fut confiée à l'ancien correspondant à Paris, P. Croci, puis à Ugo Ojetti et enfin à Maffio Maffii, ancien fonctionnaire du bureau de Presse à la Présidence du Conseil. Tout cela pour garantir toujours davantage l'esprit de fidélité et de dévotion du journal au régime. Il va sans dire que la vente diminue toujours et le journal s'achemine vers un effondrement complet.

D'autres journaux encore ont été fascistisés. Toujours de la même manière, ou à peu près ; IL NUOVO GIORNALE de Florence ; IL GIORNALE D'ITALIA de Rome ; IL MATTINO de Naples ; IL GIORNALE DI SICILIA et l'ORA de Palerme ; IL LAVORO de Gênes ; IL GAZZETTINO de Venise, etc.

DIVISION B

Tous les autres journaux

La Division B de la première Section comprend des journaux de moindre importance de toute l'Italie, contre lesquels la tyrannie fasciste, cruelle et lâche, s'est acharnée jusqu'à les détruire.

N° 14 — Piémont et Ligurie.

Un carton réunit sous le titre : « Quelques-uns des journaux du Piémont et de la Ligurie supprimés par le Fascisme » :
IL GRIDO DEL POPOLO, Turin ;
IL CORRIERE DI TORINO, Turin ;
L'IDEA NUOVA, Alexandrie ;
TORTONA NUOVA, Tortone ;
IL GALLETTO, Asti ;
LA SCURE, Valenza ;
IL LAVORATORE, Novara ;
CORRIERE BIELLESE, Biella ;
LA RISAIA, Vercelli ;
L'AURORA, Pallanza ;
L'IDEA COMUNISTA, Alessandria ;
LA RISCOSSA, Cuneo ;
IL BOLSCEVICO, Novara ;
BANDIERA ROSSA, Savona ;
LA PAROLA SOCIALISTA, Novara ;
IL PROLETARIO, Novara.

On peut remarquer sur le carton un portrait du député *Romita*, directeur du GRIDO DEL POPOLO, actuellement en déportation, et une photographie du bureau de rédaction de *l'Aurora* dévasté à Pallanza.

N° 15 — Milan.

Une autre liste sous le titre : « Quelques-uns des journaux supprimés dans la seule province de Milan », comprend :
GIOVENTU' SOCIALISTA,
BATTAGLIA SOCIALISTA,
LA BRIANZA, de Monza ;
LA BRIANZA LAVORATRICE, de Monza ;
LA LOTTA DI CLASSE, de Gallarate ;
IL LAVORO, de Busto Arsizio ;
LA DIFESA DELLE LAVORATRICI ;
LO STATO OPERAIO ;
LA LIBERTA, de Saronno ;

IL CITTADINO, de Lodi ;
IL CITTADINO, de Monza ;
IL DOMANI, de Sesto San Giovanni ;
LA DIFESA, Journal des paysans ;
LIBERTA", Journal des Jeunes socialistes unitaires ;
LA VOCE COMUNISTA,
CIVITAS NOVA, de Milan ;
SPORT E PROLETARIATO,
IL CAFFÉ, de Milan ;
L'ORGANIZZAZIONE TESSILE ;
IL QUARTO STATO, de Milan.

N° 16 — Lombardie.

Un troisième carton portant ce titre :
« Le fascisme a supprimé ou obligé à disparaître plus de cent journaux dans les provinces lombardes, Milan excepté », nous montre :

IL LAVORATORE VALTELLINESE, de Sondrio ;
IL CORRIERE DELLA VALTELLINA, de Sondrio ;
BANDIERA BIANCA, de Bergamo ;
L'IDEA POPOLARE, de Bergamo ;
IL NUOVO GIORNALE, de Bergamo ;
LA SQUILLA, de Bergamo ;
L'AZIONE PROLETARIA, de Bergamo ;
LA FIACCOLA, de Bergamo ;
CORRIERE DI CLUSONE, de Clusone ;
LA VAL GANDINO, de Gandino ;
L'AMICO, de Romano de Lombardie ;
IL POPOLO CATTOLICO, de Treviglio ;
BRESCIA NUOVA, de Brescia ;
IL CITTADINO DI BRESCIA, quotidien catholique de Brescia ;
LA PROVINCIA DI BRESCIA, quotidien libéral ;
LA VOCE DEL POPOLO, de Brescia ;
L'ALFIERE, de Chiari ;
IL MONTE ORFANO, de Rovato ;
IL LAVORATORE COMASCO, de Côme ;
L'ECO DEL LARIO, de Côme ;
LA NUOVA TERRA, de Mantoue ;
IL GIORNALE, quotidien de Mantoue ;
IL PICCOLO GIORNALE, quotidien du soir de Mantoue ;
LA PROVINCIA DI MANTOVA, quotidien démocratique ;
LA VITA DEL POPOLO, de Côme ;
LA PLEBE, de Pavie ;
IL PROLETARIO, de Mortara ;
ERA NOVELLA, de Crema ;
LA PROVINCIA DI CREMONA, quotidien libéral ;
IL LAVORATORE CREMASCO, de Crema ;
IL TORRAZZO, de Crema ;

L'ECO DEL POPOLO, de Cremona ;
L'ADDA, de Morbegno ;
L'ECO DEI COMUNISTI, de Cremona ;
L'AZIONE, de Cremone ;
LA COMUNE, de Côme.

N° 17 — Les trois Vénéties.

Sous le titre : « Quelques exemplaires pris parmi les nombreux journaux supprimés ou dévastés dans la région des Trois Vénéties », un carton réunit :

IL SECOLO NUOVO, de Venise ;
L'IDEA SOCIALISTA, de Venise ;
IL GIORNALE DEL LUNEDI', de Venise ;
L'OPERAIO CATTOLICO, de Vicenza ;
CORRIERE VENETO, quotidien catholique de Vicenza ;
EL VISENTIN, de Vicenza ;
LA RICOSTRUZIONE, de Vicenza ;
EL BABAO, humoristique de Vicenza ;
PREALPE, de Bassano ;
L'ADIGE, quotidien démocratique de Vérone ;
VERONA DEL POPOLO, de Vérone ;
CORRIERE DEL MATTINO, quotidien catholique de Vérone ;
IL LAVORO, de Vérone ;
LA LOTTA, de Rovigo ;
IL POPOLO, de Rovigo ;
L'ECO DEI LAVORATORI, de Padoue ;
IL POPOLO VENETO, quotidien catholique de Padoue ;
L'AVVENIRE, de Belluno ;
L'AMICO DEL POPOLO, de Belluno ;
IL LAVORATORE, de Trevise ;
LA RISCOSSA, de Trevise ;
L'IDEA, de Trevise ;
LA VITA DEL POPOLO, de Trevise ;
IL FRIULI, de Udine ;
IL LAVORATORE FRIULANO, de Udine ;
LA LIBERTA', de Adria ;
LA LOTTA COMUNISTA, de Vicenza ;
LA VOCE DEL POPOLO, de Trento ;
IL POPOLO TRENTINO, de Trento ;
L'ALTO ADIGE, de Bolzano ;
IL MESSAGGERO, de Rovereto ;
LA LIBERTA', de Rovereto ;
L'EDERA, de Trento ;
IL NUOVO TRENTINO, quotidien catholique de Trento ;
L'EMANCIPAZIONE, de Trento ;
IL LAVORATORE SOCIALISTA, quotidien de Trieste.

Six photographies disposées sur le carton montrent les ravages faits au journal « LA RISCOSSA ».

36

N° 18 — Régions annéxées.

Les persécutions contre toute liberté d'esprit et de culture, qui caractérisent le fascisme, devaient naturellement s'acharner plus cruellement encore contre les populations de langue allemande et slovène, que la guerre et la nécessité de la défense militaire avaient annexées au royaume.

Un cinquième carton comprend, en effet, sous le titre : « Italiens et allogènes sont également opprimés par le régime fasciste : toute la presse en langue allemande et slovène du Haut Adige et de la Vénétie Julienne a été persécutée et supprimée » :

EDINOST, quotidien de Trieste ;
MALI LIST, de Trieste ;
DELO, de Trieste ;
BRIXENER CHRONIK, de Brixen ;
PUSTERTALER BOTE, de Brunech ;
VOLKSBOTE, de Bozen ;
BOZNER NACHRICHTEN, quotidien de Bozen ;
DER LANDSMAN, quotidien catholique de Bozen ;
MERANER ZEITUNG, quotidien de Méran ;
MERANER BURGGRAEFLER, de Meran ;
GORSKA STRAZA, de Gorizia.

N° 19 — Emilie et Romagne.

Un sixième carton est destiné aux journaux de la Romagne et de l'Emilie. Il porte le titre : « Presque tous les journaux de l'Emilie et de la Romagne furent supprimés par la violence, et leurs imprimeries détruites. Les rédacteurs furent malmenés, battus, blessés, bannis, emprisonnés, quelques-uns tués. » En voici la liste :

LA SQUILLA, de Bologne ;
LA GIUSTIZIA, hebdomadaire de Reggio Emilia ;
IL DOMANI, de Modène ;
LA LOTTA, de Bologne ;
LA LOTTA DI CLASSE, de Forlì ;
GERMINAL, de Rimini ;
LA SCINTILLA, de Ferrare ;
IL POPOLANO, de Cesène ;
LA BATTAGLIA, de Plaisance ;
L'IDEA, de Parme ;
IL PICCOLO, quotidien démocratique de Parme ;
LA ROMAGNA SOCIALISTA, de Ravenne ;
IL PENSIERO ROMAGNOLO, de Forlì ;
IL LAMONE, de Faenza ;
LA VEDETTA, de Lugo ;
LA GIOVINE MONTAGNA, de Parme.

Le carton fournit une documentation photographique des dévastations de LA GIUSTIZIA de Reggio, un portrait du député

Prampolini, directeur de la GIUSTIZIA, un portrait *d'Antonio Piccinini*, correspondant de Reggio du journal AVANTI, cruellement assassiné par les fascistes, la nuit du 28 février 1924, uniquement parce qu'il était candidat socialiste aux élection législatives ; des portraits du député *Fabbri* et du député *Grossi*, collaborateurs de la SQUILLA de Bologne, tous les deux actuellement en déportation.

N° 20 — Italie Centrale.

Un carton est destiné à l'Italie Centrale. « Particulièrement sanguinaire et féroce — dit le texte — fut la conquête fasciste de la Toscane et de l'Italie centrale. Innombrables les martyrs. Quelques journalistes furent tués à leur table de rédaction ».

Et voilà la liste des journaux supprimés dans les susdites régions :

LA DIFESA, de Florence ;
LA MARTINELLA, de Colle Val d'Elsa ;
L'ORA NOSTRA, de Pise ;
LA TERRA, de Pontremoli ;
LA BATTAGLIA, de Carrara ;
L'AZIONE COMUNISTA, de Florence ;
L'ETRURIA NUOVA, de Grosseto ;
LA PAROLA, de Livourne ;
BANDIERA ROSSA, de Ancone ;
BANDIERA ROSSA, de Fano ;
IL PROLETARIO, de Pésaro ;
L'IDEA, de Pésaro ;
LA BATTAGLIA, de Pérouse ;
IL PROLETARIO, de Orvieto ;
LA RIVENDICAZIONE, de Città di Castello ;
LA TURBINA, de Terni ;
LA GIOVANE UMBRIA, de Spoleto ;
LA GUARDIA ROSSA, de Narni ;
L'UMBRIA PROLETARIA, de Rieti ;
L'AUSA, de Rimini.

Sur ce carton on peut voir également un portrait d'une autre victime du fascisme, du député socialiste *Pilati*, collaborateur du journal LA DIFESA de Florence, tué, sous les yeux de sa femme et de son enfant, la nuit du 3 octobre 1925. On y voit aussi les photographies suivantes : du député *Capocchi*, directeur de la PAROLA de Livourne, condamné maintenant au domicile forcé ; du député *Morea*, député républicain, collaborateur des journaux républicains des Marches, lui aussi condamné actuellement au domicile forcé ; et celle du Professeur *Guglielmo Salvadori*, bâtonné à Florence pour une correspondance qu'il avait envoyé à un journal anglais ; maintenant il s'est réfugié en Suisse.

N° 21 — San Marino.

Un carton comprend deux journaux supprimés dans la République de San Marino : le NUOVO TITANO, socialiste, et la LIBERTA', catholique, sous le titre : « Le Fascisme ne respecte

même plus les frontières des petits Pays ni les traités internatio-
naux. La petite République de San Marino a été occupée par les
fascistes, et la presse locale a été supprimée ou soumise aux
nouveaux maîtres. »

N° 22 — Rome.

Sous le titre : « Dans la capitale d'Italie, il n'existe plus de
publications qui ne soient rédigées par les Fascistes et contrôlées
par les autorités fascistes. Tout le reste a été dévasté, détruit,
supprimé », un carton donne la liste des journaux suivants :

IL LAZIO SOCIALISTA, de Rome ;
GIUSTIZIA, de Rome ;
LIBERO ACCORDO, de Rome ;
L'ALBA REPUBLICANA, Journal des Jeunes Républicains ;
VIGILIA,
IL GOLIARDO, Journal des Étudiants Républicains ;
L'ARALDO DELLA LIBERTA', Publication littéraire ;
L'AVANGUARDIA, Hebdomadaire des Jeunes Communistes ;
COMPAGNA : pour les femmes ;
L'AUTONOMIA COMUNALE ;
L'IDEA POPOLARE ;
IL DOMANI SOCIALE.

N° 23 — Le Midi.

Un dernier carton de cette Section est consacré au Midi de
l'Italie. Voici le titre qu'il porte : « Toutes les voies du progrès
et de la civilisation du Midi de l'Italie ont été réduites au silence
par la violence des escouades armées ou par la fraude ».

Et voilà la liste des journaux supprimés :
PUGLIA ROSSA, de Bari ;
HUMANITAS, Revue de Bari ;
CALABRIA, AVANTI !, de Catanzaro ;
LA FALCE SOCIALISTA, de Palmi ;
CALABRIA ROSSA, de Reggio Calabria ;
SCINTILLA, de Naples ;
CAMPANIA SOCIALISTA, de Naples ;
IL SOVIET, de Naples ;
RASSEGNA COMUNISTA, de Naples ;
LA CALABRIA PROLETARIA, de Cosenza ;
IL PROLETARIO, de Marsala ;
ABRUZZO ROSSO, de Aquila ;
L'UNIONE, quotidien de Catane ;
LA PAROLA DEI LAVORATORI, de Cosenza ;
LA BASILICATA, quotidien de Potenza ;
IL VESPRO ANARCHICO, de Palerme ;
IL LAVORO, de Salerno ;
IL PROMETEO, de Naples ;
LA BATTAGLIA SOCIALISTA, de Syracuse ;
IE MESSAGGERO DELLA RISCOSSA, de Palerme.

Sur ce carton est exposé le portrait de *Francesco Nitti*, ancien Premier Ministre du Roi ; sa maison à Rome a été horriblement saccagée en plein jour par une bande armée de fascistes ; sa vie a été mise en danger. M. Nitti vit maintenant en exil, à Paris, avec toute sa famille.

Il est à noter, que le massacre constaté par les cartons précédents ne se borna pas aux journaux socialistes, républicains, démocrates, libéraux et même conservateurs; il frappa, presque dans la mêmes mesure, la presse catholique, démocrate-chrétienne, la plus orthodoxe. En effet, les journaux suivants étaient des journaux catholiques paraissant sous la vigilance et avec le consentement des evêques et du Vatican :

IL CITTADINO, de Monza ;
IL CORRIERE DELLA VALTELLINA,
BANDIERA BIANCA, de Bergame ;
L'IDEA POPOLARE, de Bergame ;
IL CORRIERE di CLUSONE, ;
LA VAL GANDINO ;
L'AMICO, de Romano di Lombardia ;
IL POPOLO CATTOLICO, de Treviglio ;
IL CITTADINO, de Brescia ;
LA VOCE DEL POPOLO, de Brescia ;
IL GIORNALE, de Mantoue ;
IL PICCOLO GIORNALE, de Mantoue ;
VITA DEL POPOLO, de Côme ;
ERA NOVELLA, de Crème ;
L'AZIONE, de Crémone ;
L'OPERAIO CATTOLICO, de Vicenza ;
IL CORRIERE VENETO, de Vicenza ;
IL CORRIERE DEL MATTINO, de Vérone ;
IL LAVORO, de Vérone ;
IL POPOLO VENETO, de Padoue ;
L'AMICO DEL POPOLO, de Belluno ;
L'IDEA, de Trévise ;
IL NUOVO TRENTINO, de Trente ;
L'IDEA, de Pésaro ;
L'AUSA, de Rimini ;
et bien d'autres que nous oublions.

DIVISION C

Presse syndicale, technique et littéraire. - Revues. - Divers

La Division C comprend la presse périodique syndicale, humoristique, littéraire, scientifique, philosophique, sportive, etc. et quelques-unes parmi les revues politiques supprimées par le Fascisme.

N° 24

Ce carton rappelle les soixante organisations professionnelles membres de la Confédération Générale du Travail. Elles ont publié plus de cent journaux, qui ont été tous supprimés. Voici la liste des plus importants :

LA TERRA ;
L'EDILIZIA ;
IL METALLURGICO ;
LE ARTI TESSILI ;
IL CHIMICO ;
IL LAVORANTE IN LEGNO ;
IL PELLATTIERE ;
IL TRAMVIERE ;
IL LEGATORE ;
IL LAVORATORE D'ALBERGO E MENSA ;
IL LAVORATORE DEL LIBRO ;
IL MINATORE ;
L'ABBIGLIAMENTO ;
L'AVVENIRE DEI FERROVIERI ;
L'ARGANTE, (du personnel des théâtres) ;
L'UNIONE, (des employés) ;
LA RISCOSSA, (des cheminots) ;
LA LOTTA, (Industrie du sucre et des alcools) ;
L'INFERMIERE ;
IL LAVORATORE DEI PORTI ;
IL DAZIERE ;
IL GASISTA ;
IL LAVORATORE DEL MARE ;
IL LITOGRAFO ;
IL FOTOINCISORE ;
L'OREFICE ;
IL CERAMISTA ;
LA TRIBUNA DEI FERROVIERI ;
IL CAPPELLAIO ;

41

IL VETRAIO ;
IL BOTTIGLIAIO ;
L'OPERAIO FERROVIERE ;
F. I. D. A. E. (personnel des industries électriques) ;
L'AZIONE, (travailleurs de l'Etat) ;
L'ARTE BIANCA, (des meuniers, boulangers, pâtissiers, etc.) ;
IL SINDACATO MAGISTRALE, (des instituteurs des écoles pri-
maires).

N° 25

Un autre carton nous explique : « Toutes les organisations
syndicales ont été dissoutes en Italie. Les travailleurs italiens sont
prisonniers des syndicats fascistes. Toute défense de leurs intérêts
leur est interdite ». Les exemplaires exposés comprennent :
BATTAGLIE SINDACALI, (qui a aussi son carton à part dans
la section A) ;
SINDACATO ROSSO ;
IL LAVORATORE D'ALBERGO E MENSA ;
LA TERRA.

N° 26

Troisième carton : Titre : « Les cheminots italiens avaient
une nombreuse presse technique et syndicale. Elle a été toute
supprimée ».

Exemplaires exposés : LA TRIBUNA dei FERROVIERI, (en
grand et en petit format) ; IL PICCONE ; l'AVVENIRE DEI FER-
ROVIERI ; la RUOTA ALATA ; l'OPERAIO FERROVIERE ; IN
MARCIA ; VOLONTA.

N° 27

Le quatrième carton concerne la presse satyrique. Voici le
titre : « En Italie il est défendu de rire. Les journaux humo-
ristiques qui ne se sont pas résignés à exalter le régime ont été
supprimés ». Et les exemplaires exposés sont :
IL BECCO GIALLO et l'ATTACCABOTTONI, (voir également
le carton N° 10 dans la Section A) ; l'ASINO ; l'A.B.C. ; IL CODINO
ROSSO.

N° 28

Un cinquième carton comprend la presse sportive et les publications périodiques pour les enfants et la jeunesse.

On y remarque CUORE, organe hebdomadaire pour les enfants, illustré en couleurs, que publiait à Milan la Société des
Editions de l'AVANTI ! ; SPORT E PROLETARIATO, hebdomadaire
de culture physique et d'art, que l'on publiait à Milan ; et IL
FANCIULLO PROLETARIO de Rome.

42

Le dernier carton de cette Division concerne les revues et les périodiques de caractère politique et scientifique. Il comprend :

IL SAGGIATORE, revue bi-mensuelle de problèmes politiques et moraux, publiée à Naples sous la direction de *Gherardo Marone* ;

LA VITA DELLE NAZIONI, revue mensuelle, paraissant à Rome et dirigée par *Andréa Caffi* et *Gioacchino Nicoletti* ;

IL CAFFÉ, hebdomadaire publié à Milan par les soins d'un Comité de rédaction dont faisaient partie *Riccardo Bauer* (condamné actuellement au domicile forcé), *Luigi Degli Occhi*, *Ettore M. Margadonna*, *Giovanni Mira* et *Ferruccio Parri* (ex-combattant quatre fois décoré à la valeur, trois promotions pour mérite de guerre), relégué actuellement au domicile forcé et condamné à la réclusion pour avoir favorisé l'expatriation de *Filippo Turati* et pour avoir revendiqué devant le Tribunal les hautes raisons politiques et morales de son geste ;

VOLONTA, revue bi-mensuelle publiée à Rome par un Comité de rédaction qui se composait de *Ugo Battaglia*, *Camillo Bellieni*, *Lucangelo Bracci*, *Piero Calamandrei*, *Francesco Faucello*, *Mario Ferrara*, *Emilio Lussu* (actuellement en déportation quoiqu'il ait été absous par le Tribunal pour avoir tué, en état de légitime défense, l'un de ces nombreux fascistes, qui, le soir du 31 octobre 1926, attaquèrent sa maison) ; *Vincenzo Torraca*, *Umberto Zanotti Bianco* ;

RIVOLUZIONE LIBERALE, dont *Piero Gobetti*, son éditeur et directeur, fit un des instruments les plus forts dans la lutte contre le fascisme, qui se vengea en tuant Gobetti ;

IL QUARTO STATO, journal hebdomadaire, publié à Milan, qui put compter, parmi ses rédacteurs et collaborateurs, *Carlo Rosselli* (ce jeune professeur de l'Université, déporté à Lipari et condamné à la réclusion pour avoir favorisé, d'accord avec *Parri*, l'expatriation de *Turati* et pour avoir, lui-aussi, revendiqué avec beaucoup de fierté et de noblesse la responsabilité de son geste) ; *Gobetti*, *Nenni*, *Arturo Labriola*, *Cànepa* ;

RINASCITA LIBERALE, dirigée par *Armando Zanetti*, actuellement réfugié en Belgique ;

LA SCUOLA MODERNA DI CLIVIO, revue bi-mensuelle pour la propagande de l'Asile-Ecole moderne et rationnelle de Clivio (supprimée elle aussi tout comme la revue) ;

LA CRITICA POLITICA, revue mensuelle fondée à Rome en 1891 et dirigée, jusqu'au mois de Novembre 1926, lorsqu'elle fut supprimée, par *Oliviero Zuccarini*, ancien secrétaire du parti républicain italien, plusieurs fois arrêté, assailli, battu.

Le carton contient les portraits de *Lussu*, de *C. Rosselli* et de *F. Parri*.

DEUXIEME SECTION

NOS MARTYRS

Les organisateurs de cette Exposition auraient bien voulu et auraient dû célébrer dignement la mémoire de tous ceux qui, à cause de leur activité de journalistes, sont tombés sous les violences ennemies ; et aussi de ceux qui, déportés dans les Iles ou emprisonnés, offrent aujourd'hui un nouveau tribut de douleur et de fierté à leur foi indomptable et à la cause de la liberté.

La situation des dits organisateurs — tous des réfugiés, venus en France clandestinement — est toute particulière. Leurs documents et archives sont restés en Italie et ils sont dans l'impossibilité absolue de se les procurer de leurs amis d'Italie, les rapports épistolaires étant excessivement incertains et difficiles à cause de la censure postale qui viole et séquestre systématiquement leurs courriers. Cette sitation politique ne leur a pas permis d'accomplir tout leur devoir et tous leurs vœux. Ils doivent donc limiter ces « notes personnelles » à quelques-uns de leurs collègues, dont le nom et le sort eurent plus de retentissement. Mais l'histoire de ces « quelques-uns » — *ab uno disce omnes* — suffira pour montrer au monde civilisé jusqu'à quel point de cynisme criminel le fascisme — parti et gouvernement — a poussé la persécution de ses adversaires.

N° 30 — Amendola.

Giovanni Amendola, qui donna son nom à notre « Union », est mort, on peut bien le dire, dans les tranchées du journalisme. Il a été l'adversaire fier et loyal de ce gouvernement fasciste, dont il a toujours nié la légitimité. Il continua donc cette lutte dans les colonnes du *Mondo*, lorsqu'il lui fut impossible de la poursuivre

44

à la Chambre à cause de l'exode *Aventinien* qui suivit l'assassinat de Matteotti. Il la continua malgré les menaces continuelles de mort des journaux fascistes, surtout du *Popolo d'Italia*, organe personnel de Mussolini.

Plusieurs fois, en effet, les chemises noires essayèrent de réaliser ces menaces : le 26 décembre 1923 en plein jour, rue Francesco Crispi, à Rome ; en mars 1924, lors du discours électoral qu'il allait prononcer à Naples ; le 30 mai 1924, à la suite d'une séance de la Chambre, où il s'était permis, avec Bencivenga et d'autres membres de l'opposition, de répondre aux injures du député fasciste Giunta ; le 6 avril 1925, à Rome, après un meeting où il avait prononcé un discours pour la liberté de la presse ; la dernière fois, la nuit tragique du 20 juillet 1925, près de Monte-catini, en Toscane.

A la suite des blessures très graves reçues au cours de cette aggression, il mourut en France le 7 avril 1926, après une cruelle agonie. La mort fut directement causée par les blessures, comme le prouve le certificat médical signé par des éminents médecins français, et que nous avont textuellement reproduit sur le Carton N° 30.

Le Carton contient également :

a) un exemplaire du *Mondo*, reproduisant le facsimile de l'ordre de mobilisation donné par le député Greco, d'accord avec Mussolini, pour empêcher Amendola de prononcer à Naples son discours électoral. En outre la photo d'un groupe de « *mobilisés* », traversant une rue de Naples, armé de fusils, de matraques et de massues.

b) Une phrase du fameux mémorial de Cesare Rossi, ancien collaborateur de Mussolini, qui dit : « Ce fut à cette occasion que Mussolini commença à exprimer certaines idées de vengeance, qui se résumaient en somme dans le séquestre et la suppression des adversaires les plus éminents du régime. »

N° 31 — Mattéotti.

MATTEOTTI a été journaliste. Il entra tout jeune dans le mouvement socialiste et dirigea des feuilles de propagande.

Actif et ardent, ses articles se faisaient remarquer par leur rude précision. En vrai marxiste, il appuyait son argumentation sur des faits précis.

Sa culture était solide ; il parlait plusieurs langues.

Docteur en droit, son ouvrage sur la *Récidive* reste classique dans la production scientifique du droit Pénal.

Il publia encore d'autres études précieuses sur la Procédure pénale et le droit constitutionnel.

Secrétaire du Parti socialiste unitaire après la scission du parti socialiste au Congrès de Rome (septembre 1922) il fut en même temps collaborateur assidu de l'organe officiel du parti *La Giustizia*, paraissant à Milan.

C'est dans ce journal que parurent la plupart des articles recueillis ensuite et amplifiés dans un volume : *Un anno di domi-*

nazione fascista (« Un an de domination fasciste »), qu'on trouvera
à notre Exposition.

Presque tous les jours il envoyait au journal un article de
Rome, article qui était toujours la dénonciation de violences
Son activité de journaliste tendait surtout à la critique de la finance
fasciste.

Presque tous les jours il envoyait de Rome un article au
journal, article qui était toujours la dénonciation de violences
et d'abus criminels. Cette activité lui procurait de plus en plus
les haines fascistes ; il ne s'en souciait pas. Il restait fort et joyeux
et ne se plaignait que de ses collègues de rédaction qui tâchaient,
pour l'épargner autant que possible, de modérer la violence de ses
expreessions.

Peine perdue. Matteotti avait la prescience de son destin et
était prêt à l'affronter. La tendre sollicitude de ses amis n'y pouvait
rien.

Le Fascisme, pris d'assaut dans des articles qui mettaient en
évidence tous ses actes de violence et de fraude, avait décidé sa
perte. Les journaux fascistes l'injuriaient tous les jours et tous
les jours ils le menaçaient de mort.

Il était virtuellement condamné. On n'attendait qu'une occasion.
Il la leur offrit lui-même par le discours prononcé à la Chambre
au sujet des violences électorales, commises par les bandes noires
pendant ces élections, où, entre autres *Piccinini*, rien que pour le
fait d'être candidat socialiste à Reggio Emilia, avait été assassiné.

Quand il termina son discours en démontrant l'inanité constitu-
tionnelle et morale de la majorité de la Chambre, chacun eut la
sensation que c'en était fini de lui.

Le *Popolo d'Italia*, organe officiel du chef du gouvernement,
demandait, dans des entrefilets en gros caractères, qu'on lui
cassât la tête.

C'était un ordre.

D'autres ordres vinrent directement de Rome. Le chef du gouvernement (cela résulte des actes du procès) se plaignit ironique-
ment de la lenteur que mettait à agir le chef des sicaires, Dumini.

Enfin le crime fut consommé, le 10 juin 1924. La bande noire,
après l'avoir suivi longtemps, réussit à l'enlever au Lungo-Tevere
dans une localité favorable, le poussa dans une auto, et le massacra.

Sous les coups des assassins le martyr a dit :

« *Vous pouvez me tuer, vous ne pouvez tuer la foi qui est en
moi... Un jour mes enfants seront fières de leur père...* »

Le reste appartient à l'histoire ; mais le journalisme
international est fier d'Amendola et de Matteotti, martyrs de son
sacerdoce.

Sur le Carton (N° 31) dédié à Matteotti, on voit les photos de
« Lungo-Tevere Arnaldo da Brescia » où il fut enlevé, celle du
transport funèbre à son village de Fratta Polesine, de sa maison
maternelle et son tombeau au cimetière du même pays, celle du
Bureau du Parti où il travaillait à Rome quand il n'était pas à
la Chambre, celle du bois solitaire (*La Quartarella*), où son cadavre

a été fourré par ses meurtriers, ainsi qu'un document d'un intérêt
tout particulier — l'autographe d'un article, de la main de Mussolini lui-même, qui invitait à l'assassinat de Matteotti, à cause
de son discours du 30 mai. L'article, sous le titre : « M. Sobrero »,
a paru dans le *Popolo d'Italia* de Milan du 1ᵉʳ juin 1921 et dans
l'*Impero* de Rome du 2 juin. L'assassinat a eu lieu le 10, comme on
s'en souvient.

N° 32 — Gobetti.

PIERO GOBETTI est mort à 25 ans, mais son œuvre eut une
telle importance que l'on en reste surpris et enchanté.

Littérateur, historien, philosophe, homme politique, curieux
d'apprendre et de savoir, il a étudié en profondeur tous les problèmes qui se posaient devant son esprit mobile et tourmenté.

Ses œuvres critiques sur le théâtre et la littérature italienne
sont d'une originalité saisissante, et ses traductions de quelques-
uns des auteurs russes ont été jugées parfaites par la critique la
plus sévère.

A 17 ans (1918) il fonda sa première Revue : *Energie Nuove*.
Les idées du jeune philosophe devaient avoir un retentissement
considérable. La modeste feuille des jeunes étudiants eut bientôt
la collaboration de quelques-uns des hommes les plus remarquables
de la péninsule : Croce, Salvémini, Einaudi. Le programme de
Gobetti était un programme de renouvellement national. Ces
« énergies nationales », ces élites du libéralisme, devaient contri-
buer à accomplir l'œuvre d'éducation politique du peuple italien.

Le Fascisme trouva en Gobetti un adversaire loyal mais
résolu. En février 1922 parut le premier numéro de la *Rivoluzione
liberale* (voir le Carton 29) : c'est le commencement d'une lutte
formidable contre la dictature brutale, que Gobetti flétrit avec une
ardeur et un courage extraordinaires. Croce, Fortunato, Einaudi
collaborent au journal, et bientôt le petit hebdomadaire devient la
libre tribune de l'élite italienne.

Mussolini comprend qu'il ne peut plus ménager un adversaire
si redoutable. En mars 1924 il donne des instructions au Préfet de
Turin pour « rendre difficile » la vie au jeune adversaire du
fascisme. Nous reproduisons en *fac simile* le télégramme du Duce.
C'est un document caractéristique d'un régime et d'une époque !

Le Préfet de Turin transmet aux fascistes les instructions
reçues du Duce. On connaît le **language du chef du gouvernemei**
Une première fois Gobetti est attaqué dans la rue par une bande
de chemises noires et sauvagement frappé. Très délicat physique-
ment, il peut quand même se remttre au travail et le reprend avec
une ardeur renouvelée.

Mais, en septembre 1924, à la suite d'un incident avec le député
fasciste Carlo Delcroix, que Gobetti appelait « avorton moral »,
la violence fasciste s'abattit de nouveau sur le jeune professeur.
Son organisme est désormais trop faible pour supporter le choc.
Il comprend que le Régime l'a condamné à mort et qu'aucune action
ne lui est plus possible en Italie.

Il décide d'émigrer pour continuer à l'étranger sa lutte contre le Fascisme.

En février 1926 il put enfin franchir la frontière : il arrive à Paris avec un magnifique programme de travail et de lutte. Il veut faire renaître sa revue *Rivoluzione liberale,* que le fascisme a supprimé en Italie en octobre 1925.

Mais Piero Gobetti — dont nous espérons pouvoir exposer le portrait sur le Carton N° 32 — ne devait pas voir se réaliser son beau projet. Dans la même clinique de la Rue Piccini qui devait accueillir Giovanni Amendola, Piero Gobetti s'éteignait doucement le 15 février 1926.

N° 33. — Dans les Cayennes d'Italie, Journalistes au domicile forcé. Roberto Bencivenga.

Le Carton N° 33 rappelle, et en donne les portraits, plusieurs dizaines de journalistes envoyés, sans jugement régulier, sans contradiction, sans défense possible, par l'arbitraire des Commissions fascistes, au domicile forcé, dans les îles maudites de Lipari et de Ustica : entre autres ETTORE ALBINI, rédacteur théâtral de l'*Avanti!,* qui fut déporté, quoique le Tribunal l'a acquitté. On l'accusait d'avoir accueilli dans sa maison son vieil ami, Filippo Turati, lorsque celui-ci voulut s'enfuir de la galère italienne ; le député LUIGI BASSO, socialiste unitaire, avocat et écrivain très estimé, surtout en matière des finances ; les députés socialistes GALENO, GALLANI, MOMIGLIANO, (qui fut directeur de l'*Avanti!*) ; le député UBERTI, catholique, et GREBNIK (Slovène) ; le député MOREA, républicain ; et deux vaillantes femmes qui ne voulurent pas renier leur foi politique : LINA MERLIN et ALDA COSTA, socialistes.

Au milieu du Carton on trouvera le portrait de ROBERTO BENCIVENGA.

ROBERTO BENCIVENGA fut l'un des plus vaillants généraux de la guerre. Ancien chef d'état-major du général Cadorna (il quitta le commandement à cause de certaines appréciations, dont la justesse fut ensuite évidemment démontrée par le cours des événements) il fut destiné à la Brigade Aosta, qui, sous ses ordres, accomplit des actions merveilleuses en gagnant à son drapeau la médaille militaire pour le mérite.

Homme de sentiment et d'action, toujours le premier à son poste de combat il était adoré par ses soldats, qui étaient fiers de lui obéir. Il obtint sur le champ de bataille des promotions spéciales, des médailles militaires pour le mérite et les plus hautes décorations de guerre. Pendant l'armistice et les négociations de paix, il fut envoyé en mission à l'étranger, en Allemagne : partout il se montra habile, objectif, aimable.

Il fut parmi les premiers adversaires du Fascisme, qu'il considérait comme le reniement brutal de ce qu'on avait promis au peuple pendant la guerre, comme une spéculation cynique en faveur d'une minorité vis-à-vis du sacrifice et de la vraie valeur des

48

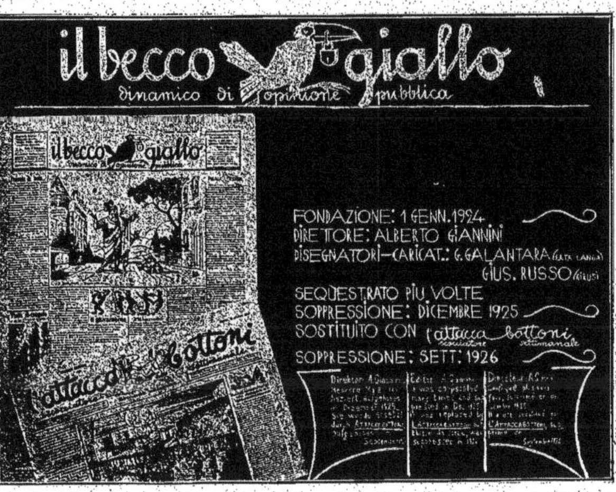
il becco giallo
dinamico di opinione pubblica

il becco giallo

l'attacca bottoni

FONDAZIONE: 1 GENN. 1924
DIRETTORE: ALBERTO GIANNINI
DISEGNATORI–CARICAT.: G. GALANTARA (RATA LANGA)
GIUS. RUSSO (GIUS)

SEQUESTRATO PIU VOLTE
SOPPRESSIONE: DICEMBRE 1925
SOSTITUITO CON l'attacca bottoni
assiciatore settimanale
SOPPRESSIONE: SETT. 1926

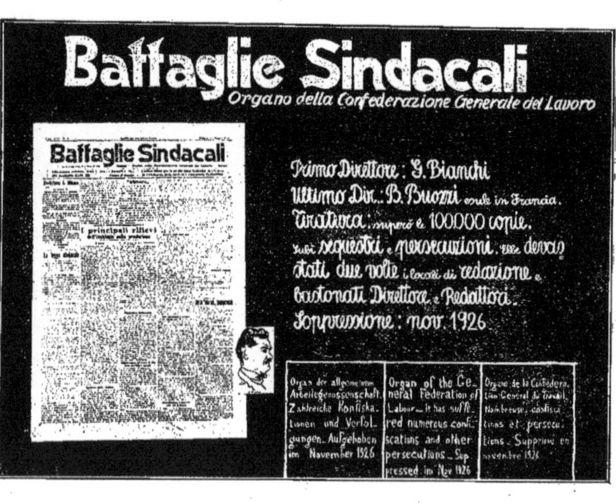

Battaglie Sindacali
Organo della Confederazione Generale del Lavoro
Primo Direttore : G. Bianchi
Ultimo Dir.: B. Buozzi esule in Francia.
Tiratura : superò le 100.000 copie.
subì sequestri e persecuzioni. Esse devono
stati due volte i locali di redazione e
bastonati Direttore e Redattori.
Soppressione : nov. 1926
Organ der allgemeinen Arbeitegenossenschaft. Zahlreiche Konfiska-tionen und Verfol-gungen. Aufgehoben im November 1926
Organ of the Ge-neral Federation of Labour — It has suffe-red numerous confi-scations and other persecutions — Sup-pressed in Nov 1926
Organe de la Confédéra-tion Générale du Travail. Nombreuses confisca-tions et persécu-tions — Supprimé en novembre 1926

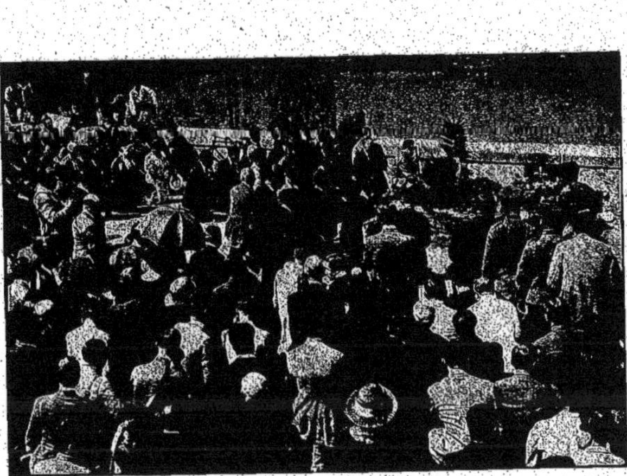

LUNGO TEVERE (ROME), OU MATTEOTTI A ÉTÉ ENLEVÉ

Le peuple s'agenouille et jette des fleurs devant le mur, près
duquel l'enlèvement a eu lieu.

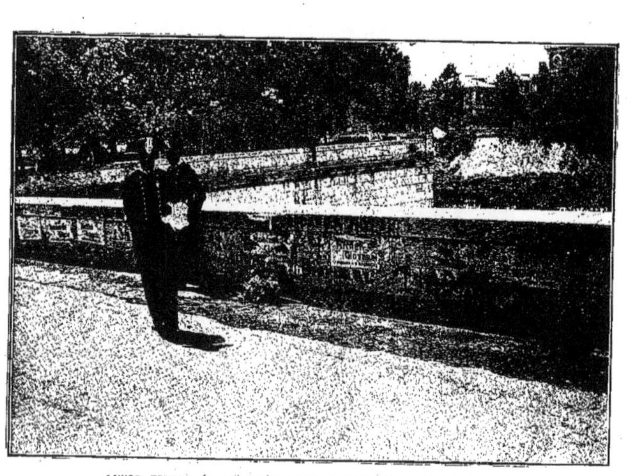

LUNGO TEVERE (ROME) : L'ENDROIT OU MATTEOTTI FUT SÉQUESTRÉ,
SURVEILLÉ PAR LES GENDARMES POUR EMPÊCHER A LA FOULE
DE S'EN APPROCHER.

Les fascistes ont peint sur le mur les noms de quelques-uns
des leur qu'on a tués.

humbles combattants. Il traita dans le *Paese* (journal romain que le Fascisme détruisit pendant la *Marche sur Rome*) les questions militaires. Ensuite il collabora au *Mondo*, où il s'occupa de problèmes politiques et militaires. Inscrit sur la liste de Giovanni Amendola aux élections de 1924, il fut élu député dans la circonscription de Naples à la majorité absolue de voix.

Au cours d'une célèbre séance de la Chambre des députés il résista aux violences des adversaires et les refoula victorieusement.

Après cette séance parut une note dans *l'Impéro*, écrite de la main de Mussolini, qui menaçait et l'insultait. Il fut à côté d'Amendola lors de l'aggression du 6 avril 1925 contre ceux qui revenaient du meeting pour la liberté de la presse et réussit avec les autres à mettre en fuite les agresseurs.

Vers la fin de l'année 1924, le poste de Président de l'Association de la Presse devint libre, à la suite de la démission du sénateur Bergamini. Après une lutte violente qui s'engagea entre les fascistes, qui soutenaient la candidature du sénateur nationaliste Enrico Corradini, et les antifascistes, qui lui opposaient, au nom des droits de la presse libre, celle du général Bencivenga, celui-ci fut élu.

Le gouvernement tenta par tous les moyens d'éviter un échec dont il comprenait l'exceptionnelle gravité. Mais Bencivenga sortit vainqueur de la lutte et accomplit avec une inflexible énergie la tâche qu'on lui avait confiée, jusqu'au moment où le gouvernement, par un de ses abus, contre lequel Bencivenga opposa une fière protestation, dissout l'association, en créant, à la place du Conseil électif, un triumvirat fasciste. C'est ainsi que le gouvernement se vengea d'un organisme professionnel, qui avait osé défendre sa propre indépendance, et de son chef, qui avait présidé à Palermo le huitième Congrès de la Presse. Au cours de ce Congrès il avait prononcé un discours contre les abus et l'arbitraire du gouvernement. Le Congrès avait approuvé, malgré l'indignation des journaux fascistes, l'ordre du jour Ambrosini - De Falco, qui affirmait encore une fois la liberté de la presse au dessus des différences de parti et repoussait, en les condamnant, les mesures vexatoires du gouvernement fasciste.

L'Association de la Presse Italienne, qui avait eu parmi ses présidents Francesco de Sanctis et Ruggero Bonghi, devait être remplacée par un Syndicat fasciste, et toutes les meilleures recrues du journalisme devaient être rayées des listes professionnelles des journalistes.

Maintes fois ménacé par la presse fasciste, le général Bencivenga fut admonesté surtout par le *Popolo d'Italia* dont le directeur, Arnaldo Mussolini, après lui avoir adressé un cartel, eût peur de se battre avec lui. Il fut l'objet de vexations violentes (sa maison fut violée et détruite le soir du 31 octobre 1926) et enfin il fut formellement «admonesté» par la Commission préfectorale, devant laquelle il garda une attitude fière et méprisante. Par répresailles, à l'occasion de l'arrestation du député Ponzio de San Sebastiano, décoré de la médaille d'or pour le mérite militaire, la même Commission, devant laquelle le général Bencivenga refusa toute explication, le fit déporter, quelque temps après, à Ustica. Il y est encore actuellement, soumis à un odieux régime d'oppression policière.

N° 34 — Journalistes au cachot.

Le dernier Carton, N° 34, de la Section des «notes personnelles», contient les noms et quelques portraits des 34 journalistes qui se trouvent enfermés dans les prisons du régime, menacés des vengeances affreuses du Tribunal Spécial des chemises noires, voir même — plusieurs entre eux — de la peine de mort. On trouve ici les députés communistes : *Amedeo Bordiga, Gramsci, Grieco, Riboldi, Maffi, Lo Sardo,* les députés socialistes maximalistes : *Fabbri, Viotto, Romita,* le député *Alcide de Gasperi,* secrétaire et leader du Groupe populaire (démo-chrétien), condamné à des années de prison accusé d'avoir tenté de s'expatrier sans passeport régulier ; le professeur *Letio Basso,* littérateur et philosophe, et *Giuseppe Massarenti,* socialiste unitaire, l'organisateur infatigable des héroïques paysans de MOLINELLA. Figurent sur le même Carton *Ferruccio Parri,* rédacteur du journal conservateur le *Corriere della Sera,* et le prof. *Carlo Rosselli,* socialiste unitaire, condamnés l'un et l'autre pour avoir aidé l'évasion en Corse de Filippo Turati.

II
La Résurrection

TROISIÈME SECTION

Presse italienne antifasciste à l'étranger

N° 35. — Caractère général.

Le Fascisme ayant supprimé tous les journaux non fascistes de toutes les tendances, la pensée italienne d'opposition a dû émigrer à l'étranger.

La valeur technique et documentaire de cette partie de l'Exposition n'a pas besoin d'être soulignée. Sa valeur morale dépasse sa dimension, car l'expression du courant hostile au régime dominant en Italie ne peut se trouver que dans ces collections de journaux, rédigés par des émigrés avec une pénible pauvreté de moyens, mais avec une indomptable ténacité.

Le Carton N° 35 résume le caractère général de cette Section par cette simple sentence : « La voix de l'émigration italienne est unanime: contre le fascisme, ennemi de la civilisation ! »

Sur ce Carton sont rappelés pêle-mêle, différentes feuilles anti-fascistes, dont quelques-unes n'eurent qu'une vie éphémère. Entre autres : L'AGITAZIONE, L'ITALIE LIBRE, LA VOCE SOCIALISTA, tous publiés à Paris ; LE RADICAL, édition italienne qui paraissait à Marseille ; IL PICCONIERE, (même ville) ; IL MEZZOGIORNO, qui paraissait à Toulouse ; IL PROLETARIO ITALIANO, dont un numéro spécial parût à Locarno (Suisse) ; un numéro de BATTAGLIE SINDACALI, qui a été publié à Paris par la Confédération Générale du Travail.

L'INIZIATIVA est publiée à Paris par un groupe de jeunes, en dehors du cercle de la « Concentration Antifasciste ».

N° 36 — La Libertà.

Le 15 mars 1927, se constituait à Paris la « *Concentration antifasciste* ». Elle groupe le « Parti républicain italien », le « Parti socialiste italien », le « Parti socialiste unitaire des travailleurs italiens », la « Confédération générale italienne du Travail à l'étranger » et la « Ligue Italienne des Droits de l'Homme ».

Le 1er Mai suivant, parut le journal de la « Concentration », LA LIBERTA'. Ses rédacteurs sont choisis parmi les écrivains les plus connus des journaux supprimés. LA LIBERTA' est en même temps une feuille de critique et d'information. Elle réunit toutes les nouvelles dont la Censure défend la publication en Italie. En outre elle suit attentivement la vie du régime dans toutes ses manifestations, qu'elle critique d'après les principes démocratiques et socialistes. Cependant elle ouvre également ses colonnes aux observations et aux informations qui lui parviennent des milieux constitutionels et catholiques antifascistes.

Les frais de LA LIBERTA' sont couverts par la « Concentration » et par une souscription publiques.

Elle ne s'immisce pas dans les quérelles intérieures françaises, mais elle défend, contre les manœuvres des nationalistes fascistes, l'amitié franco-italienne.

LA LIBERTA' par les noms de ses collaborateurs, qui sont en même temps les chefs des partis dissous et dispersés, M.M. Turati, Treves, Chiesa, Bergamo, anciens députés, Nenni, Schiavetti, Natoli, Donati, Alberto Gianca, anciens directeurs de la *Critica Sociale*, de l'*Avanti !*, de *La Voce Repubblicana*, du *Popolo*, du *Mondo*, du *Risorgimento*, est, dans une certaine mesure, le journal officiel de l'émigration politique italienne et donne le ton à tous les réfugiés et à tous les émigrés politiques en Europe et dans les deux Amériques. Son tirage atteint 15.000 exemplaires. Elle paraît à Paris toutes les semaines (Administration et Rédaction : 50, rue Labat, Paris 18e).

N° 37 — Quirinal et Vatican.

L'organe de la « Concentration Antifasciste », LA LIBERTA', a pris position dans toutes les batailles contre le Fascisme.

Ces batailles durent se diriger surtout contre trois cibles: primo, les alliés politiques du Fascisme, qui vont de la Monarchie (le QUIRINAL), dont la solidarité, ou plutôt le servage, vis-à-vis de la dictature, ne saurait plus être nié ou dissimulé même par les plus ardents monarchistes (tous ceux qui étaient des constitutionnels sincères deviennent en effet tous les jours, dans leur for intérieur, plus décidément républicains), jusqu'aux courants réactionnaires du VATICAN, dont la politique équivoque et à double face, est bien connue. Le Carton N° 37 représente, par des articles et des dessins, la position des deux complices.

N° 38 — Capitalisme.

Deuxième allié du Fascisme, le gros CAPITALISME, la plutocratie sous toutes ses formes. Le Carton N° 38 : CONTRE LE

CAPITALISME, nous documente, d'un côté, sur la misère économique affreuse, qui étouffe, sous la plutocratie fasciste, l'Italie du travail, et, de l'autre côté, par des pointes satyriques et par le titre de quelques publications importantes, sur la farce atroce du soi-disant « impérialisme fasciste », devenu tour à tour le serviteur du plus offrant.

N° 39 — Contre... la Bête triomphante.

Le cri des emprisonnés d'Italie, les menaces de nouvelles tortures et d'assassinats plus abominables encore, remplissent de leurs échos toutes les nations civilisées. Le Carton N° 39 dénonce cette tragédie sans fin ; il en rappelle et en exalte les victimes et fait appel à la solidarité de tous les honnêtes gens pour cette bataille de l'humanité. Mais la hyène fasciste a franchi les frontières, elle est devenue le danger le plus pressant et le plus sérieux pour la paix de l'Europe. La guerre est l'aboutissment inéluctable du fascisme. Ce même Carton témoigne comment les proscrits italiens ont choisi résolument leur place au combat, prêts à donner leur vie pour délivrer le monde de cette menace permanente pour la liberté et la paix.

N° 40 — L'Idée qui ne meurt pas...

Le Parti socialiste unitaire des travailleurs italiens (voir aussi le Carton N° 2) avait comme organe en Italie le journal LA GIUSTIZIA. En 1925, encore avant la promulgation des lois fascistes exceptionnelles, le Parti a été dissous, le journal supprimé. Mais L'IDÉE QUI NE MEURT PAS survit. La voici (Carton N° 40) qui revit dans la nouvelle Revue qui paraît à Paris : LA RINASCITA SOCIALISTA (*La Renaissance Socialiste*), dont le nom est le programme. Le Carton illustre le lien entre la fille nouveau-née et la mère assassinée. Un numéro de cette dernière Revue, ici exposé, reproduit en première page le portrait du martyr *Mattéotti* et, à l'intérieur, il donne des clichés du plébiscite des paysans les plus humbles, qui résistent héroïquement aux brutalités du fascisme, dans le pays, devenu symbolique, de MOLINELLA.

N° 41 — Corriere degli Italiani.

LE CORRIERE DEGLI ITALIANI a été fondé à Paris avant LA LIBERTA de l'initiative d'un groupe d'exilés, après l'application des lois fascistes sur la presse. Le premier numéro parut le 28 janvier 1926.

Il représentait toutes les tendances politiques antifascistes. Les premiers directeurs étaient *Giuseppe Donati*, démo-catholique (*popolare*), et *Carlo A. Prato*, socialiste unitaire. Faisaient partie de la rédaction : *Ernesto Caporali*, de la Confédération générale du Travail, et *Mario Pistocchi*, du Parti républicain. Après la démission de M. *A. Prato*, M. *Francesco Frola*, socialiste unitaire, fut nommé directeur avec *G. Donati*. La campagne du journal à l'occasion du procès Matteotti à Chieti a été tout à fait remarquable. Le premier il a fait connaître les pièces les plus importantes du procès. Un de ses rédacteurs, M. *Aldo Salerno*, s'est rendu en Italie uniquement pour se procurer ces documents, et a réussi, par un stratagème adroit, à les apporter à l'étranger.

L'entrée du CORRIERE DEGLI ITALIANI en Italie a été sévèrement interdite. Plusieurs personnes, surprises en possession de quelques exemplaires du journal, ont été condamnées par les Tribunaux Fascistes.

Après l'attentat Lucetti (septembre 1926) le gouvernement fasciste a décrété la « dénationalisation » des principaux rédacteurs et collaborateurs du journal : *Giuseppe Donati, Francesco Frola, Guido Grimaldi, Mario Pistocchi, Aldo Salerno*.

Une des raisons de la « dénationalisation » de *Gaetano Salvemini, Alceste de Ambris, Francesco Ciccotti* fut leur collaboration au CORRIERE DEGLI ITALIANI.

Après quelques transformations, ce journal a cessé de paraître.

On peut rappeler ici — puisqu'il s'agit de morts — que le 20 février 1926, parut à Nice la PAGE ITALIENNE du quotidien LA FRANCE DE NICE ET DU SUD-EST. Cette PAGINA ITALIANA, d'un caractère franchement antifasciste et démocratique, a mené plusieurs campagnes contre les manœuvres des consuls italiens et des espions fascistes. Y collaborèrent fidèlement *Aurelio Natoli, Luigi Campolonghi* et son fils *Leonida*, et *Pietro Montàsini*. Après la constitution de la « Concentration Antifasciste », elle en suivit fidèlement les directives. Au début de 1925 la PAGINA ITALIANA a perdu son caractère antifasciste après la transformation du journal. Tous les rédacteurs ont démissionné.

N° 42 — Operajo italiano.

L'OPERAIO ITALIANO, affiché sur ce Carton, est l'organe hebdomadaire, paraissant à Paris (Bureaux : rue Lafayette, 211), de la Confédération Générale du Travail, qui fut forcée de transporter son siège en France. Le journal est dirigé par *Bruno Buozzi*, Secrétraire général de la Confédération, ancien député, exilé, avec la collaboration de *Pallante Rugginenti* et d'autres camarades. Comme le journal ne peut pénétrer que très difficilement en Italie, la Confédération Générale du Travail italienne envoie en Italie clandestinement des milliers d'exemplaires de petits journaux et de manifestes. Ces petites feuilles, dans le but de rendre moins facile la persécution des destinataires, portent toujours ces mots imprimés : « Ce document est envoyé aux amis, autant qu'aux adversaires et aux ennemis ».

N° 43 — Journaux des partis politiques.

La « Concentration Antifasciste » coordonne l'action des Partis et des Organisations antifascistes, mais sans en supprimer l'autonomie, pour le jour prochain de leur renaissance dans les frontières italiennes. Voici sur ce Carton les journaux qui en continuent les traditions respectives. L'AVANTI !, organe du Parti socialiste maximaliste italien, à tendances intransigeantes et révolutionnaires; L'ITALIA DEL POPOLO, organe du Parti républicain ; le BULLETIN DU PARTI SOCIALISTE DES TRAVAILLEURS ITALIENS ; L'OPERAJO ITALIANO et la RINASCITA SOCIALISTA, qu'on trouve aussi sur les Cartons 42 et 40. ; L'INIZIATIVA et plusieurs autres.

A remarquer, sur ce même Carton N° 43, la petite feuille L'OBSERVATEUR, paraissant depuis quelque temps, en français, à Bruxelles, Bulletin d'un Comité italien d'études politiques et sociales, composé de *Armando Zanetti*, (ancien rédacteur du conservateur *Giornale d'Italia* de Rome), *Francesco Ferrari*, (catholique résidant à Louvain), et *Arturo Labriola*, ancien député socialiste, exilé, appelé d'abord à tenir un cours d'Economie à l'Institut de Hautes Etudes de Bruxelles et maintenant directeur du quotidien socialiste de New-York, le *Nuovo Mondo*.

N° 44 — Feuilles intermittentes.

De même, on a réuni sur le Carton N° 44 des échantillons d'autres publications antifascistes, parues comme numéros spéciaux ou bien paraissant d'une manière intermittente ; IL PROLETARIO (Paris), GUERRA DI CLASSE, numéro spécial de l'Union Syndicaliste Italienne ; FRONTE ANTIFASCISTA, Bulletin d'un Comité prolétaire ; MATTEOTTI, feuille commémorative ; CAMPANE A STORMO ; IL LIBERATORE ; REMEMBER ; ORA NOSTRA ; VOLONTA' (hebdomadaire, qui était rédigé par l'écrivain et romancier *Mario Mariani*), IL MONITO et LA DIANA, deux hebdomadaires anarchistes.

N° 45 — L'AVVENIRE DEL LAVORATORE

Ce Carton est dédié à un hebdomadaire, qui paraît à Zürich, L'AVVENIRE DEL LAVORATORE, organe du Parti socialiste italien en Suisse.

N° 46 — Dans l'Amérique du Nord.

Sur le Carton N° 46 nous lisons :
« *Les colonies italiennes de l'Amérique du Nord ne lisent que des journaux antifascistes : la presse subventionnée par le gouvernement ne se vend pas.* »
Les journaux exposés sont :
IL NUOVO MONDO, dont la direction, à partir du 1er mai 1928, est passée des mains de l'ancien député *Vincenzo Vacirca* dans celles de M. Arturo Labriola, professeur, ancien député, ancien Ministre du Travail. C'est un quotidien puissant qui paraît à New York : voix des organisations italiennes de l'Amérique du Nord.
LA PAROLA DEL POPOLO, hebdomadaire de Chicago, organe de la Section italienne du Parti Socialiste américain.

GERMINAL, également de Chicago ;
L'UNIONE, hebdomadaire de Pueblo Colorado ;
ABRUZZO MOLISE, hebdomadaire de Rochester ;
L'AURORA, bimensuel anarchiste ;
IL SOLCO, de New-York, revue mensuelle dirigée par *Vincenzo Vacirca* ;
LA VEDETTA COLONIALE, hebdomadaire de Détroit ;
IL LAVORATORE, hebdomadaire communiste de New-York ;
IL MARTELLO, hebdomadaire antifasciste ;
LIBERTAS, publication antifasciste de S. Francisco, Californie ;
UTOPIA, revue de Rochester ;
L'ADUNATA DEI REFRATTARII, hebdomadaire anarchiste.

N° 47 — Dans l'Amérique du Sud.

Le Carton N° 47 nous apprend que « *2 millions d'italiens dans l'Amérique latine lisent des journaux antifascistes.* »

EN ARGENTINE :

A Buenos Ayres L'ITALIA DEL POPOLO quotidien : ses rédacteurs ont été récemment condamnés par le Tribunal de Gênes (Italie) pour des articles publiés dans la feuille argentine ;
L'ITALIA LIBERA, périodique, paraissant à Bahia Blanca ;
L'AMICO DEL POPOLO, feuille républicaine de Buenos Ayres;
LA VANGUARDIA, de Buenos Ayres ;
LIBERTAD, de Buenos Ayres ;

AU PÉROU :

L'ITALIANO, trimensuel de Lima.

AU BRÉSIL :

LA DIFESA, hebdomadaire de São Paoulo ; Directeur Francesco Frola, ancien député socialiste ; Rédacteur en chef : Francesco Fabi, ancien rédacteur du *Mondo*.
IL RISORGIMENTO, revue politique bimensuelle rédigée par *Antonio Piccarolo*.

PRESSE CLANDESTINE

La presse clandestine. Sa valeur. Sa signification.

La presse clandestine surgit inéluctablement partout, où la manifestation de la pensée est comprimée. Et en Italie il n'y a pis encore, elle est complètement étouffée par le monopole de l'Etat, c'est-à-dire par l'intérêt de ceux qui détiennent le/pouvoir.

La pensée c'est comme un gaz ; elle ne tolère pas de constriction au delà d'une certaine limite. Ecrasée, elle rebondit, elle éclate, elle s'ouvre une issue — même déformée — à travers les fissures les plus minces, les pores les plus microcopiques. Le lecteur fuit la presse monopolisée, qu'il sait n'être qu'en service commandé, n'être qu'un mensonge par définition. Le niveau du journal baisse alors, comme le cractère de l'écrivain salarié qui en salit les pages. Le tirage diminue ; même le progrès technique de la presse est arrêté. Toute notice, toute opinion ne paraissent qu'avec l'autorisation du Gouvernement, elle devient de ce fait « la vérité du Gouvernement » ; elle implique la responsabilité du gouvernement. Les conséquences même politiques et diplomatiques, d'un tel fait, sont désastreuses.

Au contraire, la presse clandestine est avidement recherchée, passe de main en main, et on la lit avec d'autant plus de passion qu'elle doit être lue en cachette, que sa production aussi bien que sa lecture sont pleines de périls.

« La presse clandestine — écrit avec beaucoup de justesse l'Av. Francesco Luigi Ferrari dans une remarquable monographie, encore inédite, dont nous parlons dans une autre page de ce livre — est l'instrument le plus formiadble et en même temps le plus dangereux aux mains des hommes auxquels on a interdit de manifester publiquement leur pensée. Rien ne peut garantir contre les dérèglements de la presse clandestine. Les chefs mêmes des groupes d'Opposition ne peuvent contrôler que les publications dont ils connaissent les auteurs. Vis-à-vis d'une publication éditée sous la responsabilité d'un parti politique, il y en a dix qui ne sont que la manifestation d'une pensée dépourvue peut-être de sens politique, du ressentiment d'individus lésés par quelques mesures de détail de l'oligarchie dominante. Et il n'y a pas moyen de distinguer le bien et le mal, le vrai et le faux. Le public, de son côté, ennuyé du chœur uniforme des louanges officiels, croit vrai tout ce que relatent les tracts anonymes, les petites feuilles, les brochures minuscules éditées en cachette. Et même s'il veut s'assurer de la vérité de ce qu'il lit, le régime de monopole de la presse politique lui interdit tout contrôle sérieux.

« La presse clandestine ronge tous les régimes absolus. Personne ne peut savoir où elle dirige l'opinion publique. Personne ne peut connaître les effets qu'elle produit sur ses lecteurs. Personne ne peut savoir ce qu'elle est, ce qu'elle fait. Personne ne peut prévoir ce qu'elle sera, ce qu'elle fera, ce qu'elle produira.

« On a comparé la presse libre à la lance d'Achille, qui blessait et guérissait en même temps. Le monopole étatique de la presse est comme la robe de Déjanire ! »

Malgré la justesse de ces observations, d'ailleurs évidentes, toujours est-il que la presse clandestine est encore la seule réaction possible, et, somme toute, bienfaisante, partout où la liberté de la presse est supprimée. Sa diffusion est la preuve que l'âme du peuple est tourmentée et qu'elle se tourmente, que ce peuple n'est pas encore un cadavre, qu'il trouvera, un jour ou l'autre, la force de se ressaisir, de secouer le joug qui l'opprime. Malheur à une nation où cette réaction légitime et illégale, ne se produit pas ! On devrait craindre alors que le couvercle de son tombeau ne soit cloué éternellement sur sa tête.

Le nombre des publications clandestines (en tant que ces deux mots, apparemment contradictoires, peuvent se concilier), imprimées, polygraphiées, cyclostylées, même écrites à la plume ou dactylographiées, paraissant régulièrement ou par numéros isolés, que nous avons pu exposer malgré les grandes difficultés de nous les procurer à l'étranger et malgré le vol fasciste qui nous enleva tout ce que nous avions recueilli jusqu'en avril dernier, démontre que tel n'est nullement le cas de l'Italie. Les 14 cartons qui suivent ne donnent que des échantillons, ne registrent peut-être que la moitié des publications de ce genre parues ou paraissant dans la péninsule ; et pourtant il y en a beaucoup plus de cent, (125, sans les photos).

Pour les imprimer on a établi des petites imprimeries secrètes, dans des caves ou dans des mansardes. Les journalistes clandestins sont souvent à la fois écrivains, imprimeurs et distributeurs. Dans un pays fourmillant de mouchards, où même les concierges sont devenus de par la loi des fonctionnaires de police ou peu s'en faut, ces journalistes s'exposent journellement aux répressailles terribles soit de la Police, soit des escouades fascistes, soit du Tribunal Spécial. Mais si l'une de ces publications est frappée, d'autres

paraissent avec un essor toujours croissant. C'est en vain que
le Tribunal Spécial, ce Tribunal de Terreur et de guerre civile,
s'évertue à condamner à des années et des années de réclusion tout
citoyen — ou plutôt tout esclave — trouvé en possession de l'une
quelconque de ces feuilles clandestines. L'histoire de la presse clandestine italienne — quand il sera possible de l'écrire — sera l'un
des chapitres des plus attrayants, et en même temps le plus glorieux,
du martyrologue du prolétariat italien.

N° 48 — Non Mollare.

Nous commençons — à tout seigneur tout honneur ! — par
différentes éditions du petit journal NON MOLLARE (*Ne jamais
céder*) — Carton N° 48 — car il a été le premier et qu'il est un
des plus tenaces, des mieux faits et des plus répandus. La collection
complète, que nous avions à Paris, nous a été volée avec tout le
reste, en avril dernier, par des espions fascistes, criminels de
droit commun, qu'on a largement rémunérés pour leur crime. Le
NON MOLLARE, écrit par des jeunes intellectuels, exerça une
influence remarquable, dans la période de l'assassinat Matteotti,
en publiant les réquisitoires écrasants que le « Duce » s'efforçait
de cacher à l'opinion publique du monde entier. Plusieurs de ses
collaborateurs ont été poursuivis ; entre autres, le Prof. *Gaetano
Salvemini*, maintenant émigré à Londres. Il a été condamné au
cachot. NON MOLLARE continue tout-de-même à paraître et il
réussit encore à se répandre en différents centres d'Italie.

N° 49 — Contre la saisie.

La diffusion de la presse clandestine est antérieure aux lois
d'exception de novembre 1926, qui supprimèrent définitivement toute
liberté de la presse et toute presse non décidément fasciste. Mais,
même avant cette date, et déjà après l'assassinat de Matteotti en
juin 1924, les séquestres les plus arbitraires frappaient toute presse
qui ne fut pas inconditionnellement liée au régime. Sur le Carton
N° 49 — « CONTRE LA SAISIE » — sont enregistrés *les chiffres des
journaux supprimés* en novembre 1926 et les *statistiques des saisies*
consommées par le gouvernement fasciste en 1925 et jusqu'au novembre 1926. Cette statistique est forcément bien incomplète, elle
donne toutefois une pâle idée de la pression sur la pensée libre.

On voit sur le même Carton des exemplaires des petits journaux : IL DOVERE (démocratique), IL GRIDO DELLA LIBERTA
(anarchiste), LA VERITA (communiste) avec une photo de *G. Me-
notti Serrati*, et des numéros uniques ou des petites feuilles comme
LE GANELLONE (anarchiste), L'ANTICROATO, le NON MOLLIAMO,
LA RISCOSSA ANTIFASCISTA, un numéro unique avec un portrait
d'*Amendola*, le journal polygraphié BASTA ! (*Suffit !*) qui paraissait
au Piémont, deux manifestes — *la Liberté, que la Monarchie ne
défend plus, sera reconquise par le peuple*, et *A bas le fascisme !*
— un troisième reproduisant des *Mémoires* sur l'assassinat de
Matteotti.

N° 50 — Fanciullo proletario.

Ce fut en décembre 1926 que les communistes commencèrent à répandre les petits journaux clandestins IL FANCIULLO PROLE-TARIO et l'UNITA'.

Le premier — Carton N° 50 — était dessiné, presque uniquement, par le jeune *Gastone Sozzi*, dont la torture et la mort dans les prisons de Pérouse, ont provoqué tant d'émoi dans le monde civilisé tout entier. Un exemplaire de FANCIULLO PROLETARIO est exposé sur le Carton, à côté d'un exemplaire du quotidien L'ORDINE NUOVO, fondé en 1921 à Turin et dirigé par Antonio Gramsci, déporté, actuellement emprisonné en attente de l'inexorable condamnation du Tribunal Spécial. L'ORDINE NUOVO a été détruit par un assaut des bandes fascistes, aidées de la Police, après la « Marche sur Rome », et malgré la résistance armée des ouvriers.

N° 51 — UNITA'.

Le deuxième (UNITA') — Carton N° 51 — fut la reprise du quotidien du même nom, fondé à Milan en 1923, dont le tirage a atteint plusieurs dizaines de milliers d'exemplaires, qui a subi, pendant ses trois ans d'existence, toute une série d'invasions fascistes vandaliques, et qui fut supprimé par les lois d'exception. Les plus connus de ses rédacteurs, *Tulli, Ribolotti, Terracini* et *Scoccimarro*, attendent encore, en prison, le jugement du Tribunal Spécial, accusés de conspiration et de complot contre le régime. Le Carton nous documente sur l'activité déployée pour la diffusion de la petite feuille clandestine. A côté du dernier numéro de l'UNITA' supprimée, sont exposés deux exemplaires de la feuille clandestine de 1927, l'un manuscrit et l'autre clandestinement imprimé, avec les photos des quatre rédacteurs emprisonnés que nous venons de nommer.

N° 52 — Battaglie sindacali.

BATTAGLIE SINDACALI et SINDACATO ROSSO ayant été supprimés en novembre 1926, des ouvriers réussirent a faire reparaître le premier sous forme clandestine, manuscrit, poligraphié, imprimé sur un papier très-pauvre, d'un format très-réduit, tels qu'on les voit sur le Carton N° 52. Sont exposés sur le même Carton: le SINDACATO ROSSO, supprimé ; un exemplaire de BATTAGLIE SINDACALI édité par les émigrés en 1928 ; des photos du même journal et de LA SCINTILLA (*L'Etincelle*) ; le FRONTE UNICO, poligraphié ; deux *petites affiches* manuscrites contre les Corporations fascistes ; deux *affiches*, également manuscrites, qu'on avait collé sur les murs de Milan, contre *les traîtres* et *en dépit de tous les « Duci »*, et la liste de 33 condamnés (il doit y en avoir plusieurs centaines !) pour diffusion de la presse syndicale clandestine.

N° 53 — Dans l'usine.

La presse syndicale clandestine se développa particulièrement dans les grandes fabriques, textiles et métallurgiques, dans les chantiers de constructions navales. Sur le Carton N° 53 on trouvera l'original de LA VITA D'OFFICINA (*la vie de l'Usine*), poligraphié et illustré, relatant le sort des ouvriers des établissements d'automobiles de Turin ; un journal ouvrier, en langue slovène, du chantier de *Trieste* ; différents Manifestes de fabrique, la photo du journal PORTOLONGONE (nom d'un des plus cruels établissements pénitentiaires), se référant aux conditions des travailleurs de la *Fiat*, un exemplaire du FRONTE UNICO, un *Manifeste* pour les *huit heures*, un autre destiné aux ouvriers de la *Vénétie Julienne*, un troisième : *A bas les chemises noires !*, les photos de la *destruction de la Bourse de Travail de Turin*, et celles des dirigeants emprisonnés de l'*occupation des fabriques* et de *Giovanni Parodi*, condamné à 21 ans de galères par le Tribunal Spécial.

N° 54 — La lutte paysanne.

Le Carton N° 54 montre quelques exemplaires de la presse clandestine qui réussit à pénétrer dans les campagnes désolées d'Italie, parmi les paysans, ces travailleurs les plus éprouvés par le nouvel esclavage, et qui pourtant, malgré tout, osent encore défier les menaces du Tribunal Spécial, se réunissant, à l'aube, sur les sillons arrosés de leur sueur. Voilà un numéro spécial du petit journal UNITA' qui est consacré à la défense de leurs intérêts, la photo de trois *Manifestes* et le manuscrit de deux autres, portant à ces parias la voix du courage et de l'espérance ; encore deux numéros du FRONTE UNICO et un de la GOCCIA (*La Goutte*), consacrés aux paysans ; un *Bulletin* cyclostylé, du *Parti Socialiste Italien* ; un Manifeste *contre le chômage* ; six photos de la *défense armée des ouvriers et des paysans dans les faubourgs de Parme*, et une photographie d'une *réunion clandestine de paysans* dans une campagne, dont, naturellement, on ne révèle pas le nom.

N° 55 — La femme dans l'usine et sur le sillon.

La presse clandestine n'oublie pas la femme, élément *essentiel* de la lutte contre la tyrannie fasciste. Le Carton N° 55 montre un exemplaire poligraphié et illustré du petit journal LA COMPAGNA, et les documents originaux de deux batailles caractéristiques des femmes travailleuses : celle des paysannes courbées au travail exténuant de la rizière de Lombardie (les « *mondarise* »), pour un salaire de famine ; deux exemplaires du journal LA RISAIA ; une petite *affiche fasciste* contre l'agitation des « mondarises » ; un petit Manifeste : *A bas le brigandage agraire fasciste !* — et celle des *travailleuses du textile*, qui, à Venaria Réale, à Uboldo, à

Pordénone, déférent la loi fasciste en faisant recours à la grève (Voir les différents *APPELS*, dont l'un — celui de Pordénone, photographié). Plusieurs femmes tombèrent victimes de cette bataille pour leur pain.

Le Carton — sur lequel sont en outre exposés un Manifeste : HUIT MARS, et un petit journal ayant pour titre : *Les femmes en première ligne et les grèves* — montre 8 photos de *femmes ouvrières et paysannes tuées*.

N° 56 — Pour l'organisation de classe.

L'organisation de classe, à laquelle nul soi-disant Syndicat fasciste ne saurait se substituer, tente de se maintenir ou de renaître secrètement par des réunions de fabrique et de représentations ouvrières, même sous la plus féroce des terreurs, malgré les périls énormes qui la guettent. Le Carton N° 56 nous en donne quelques exemples par le Numéro, exposé, de BATTAGLIE SINDACALI et par les APPELS des Bourses du Travail clandestines de Rome, de Turin, de Come, de Milan, par ceux (dont un est polygraphié) d'une Confédération Générale du Travail également clandestine, par un APPEL AUX MASSES, imprimé, par la reproduction photographique des douze autres APPELS et par trois petits *Manifestes* manuscrits et trois photographiés. C'est toute une vie de lutte et sacrifice qui se révèle dans leurs expressions suggestives malgré leurs brièveté, et qui jette chaque jour des jeunes existences en proie aux tortures «légales» des prisons. Une nouvelle liste de *Vingt condamnés à des peines allant de deux à vingt ans de réclusion* pour diffusion de cette presse syndicale, témoigne de l'admirable effort du prolétariat italien pour la reconquête de la liberté syndicale.

N° 57 — La jeunesse qui lutte et meurt.

Comme toujours, ce sont les jeunes qui marchent en première ligne dans cette lutte. Le fascisme s'efforce de les encadrer et de les militariser, sous une discipline mélangée de flatteries, de corruption et de violence. La meilleure jeunesse, la seule digne de ce nom, se rebelle. Le Carton N° 57 montre quelques exemples de cette œuvre généralement peu connue. Ce sont des petits journaux ou Manifestes contre les chemises noires, adressés aux jeunes soldats communistes, telle LA CASERMA ; ce sont ceux de la jeunesse universitaire, de l' « Union des Goliards », dont le Carton porte deux exemplaires ; c'est le petit journal LA GIOVENTU' COMUNISTA et l'autre, de même tendance, L'AVANGUARDIA, — imprimés ou photographiés. Une verve de satyre anime le GALLETTO ROSSO (le *Petit Coq Rouge*) polygraphié, dont la distribution coûta 30 ans de prison à trois étudiants de Rome. Vous trouvez ici encore une reproduction imprimée du journal IL RISVEGLIO, un petit journal en langue slovène de la jeunesse de la *Vénétie Julienne*, la VOCE DELLA GIOVENTU', stylographiée ; un *Appel aux jeunes Catholiques* ;

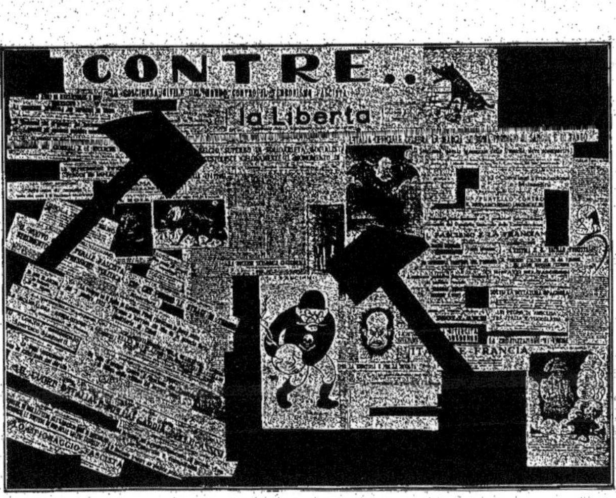
CONTRE..
la Liberta

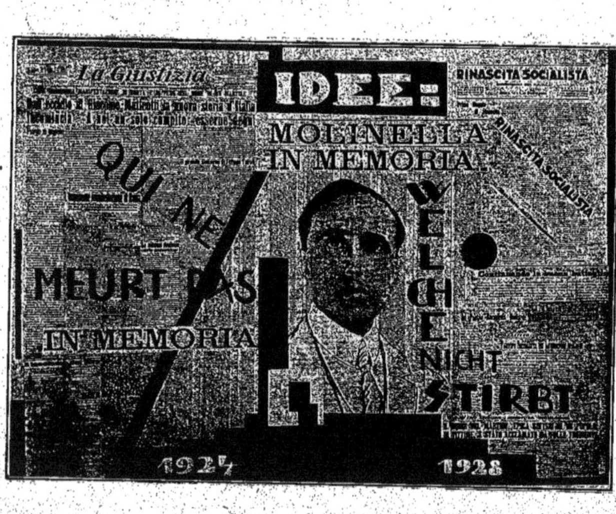
La Giustizia
IDEE:
RINASCITA SOCIALISTA
MOLINELLA
IN MEMORIA
RINASCITA SOCIALISTA
QUI NE
WELCHE
MEURT PAS
NICHT
IN MEMORIA
STIRBT
1924
1928

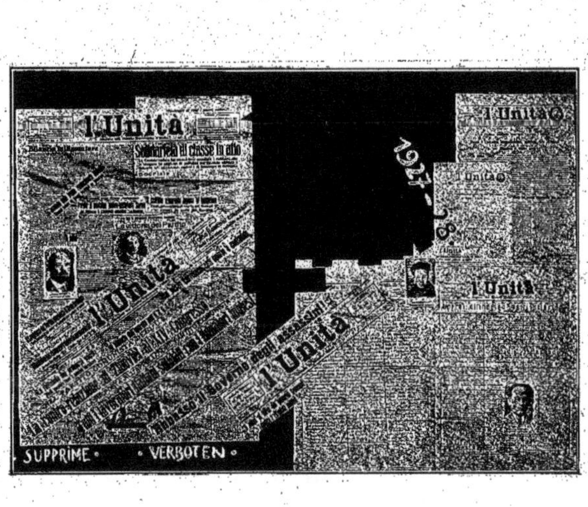
l'Unità
Solidarietà di classe in atto
l'Unità
l'Unità
l'Unità
l'Unità
l'Unità
1927-28
SUPPRIME · · VERBOTEN ·

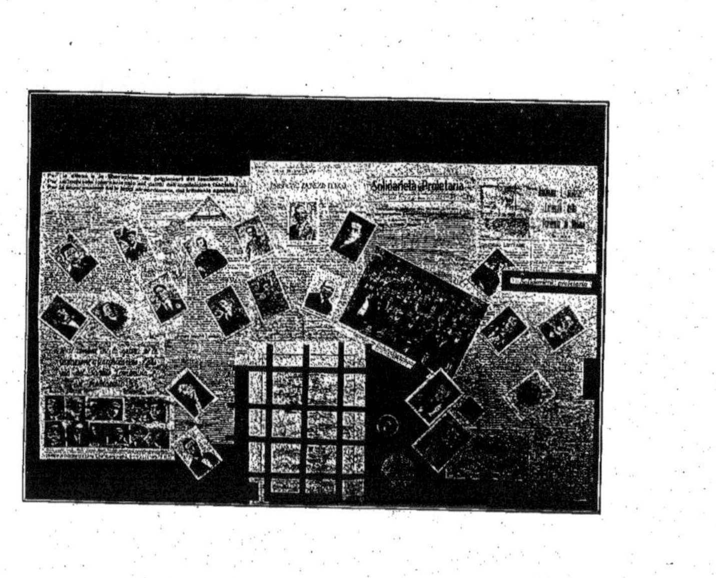
Solidarietà Proletaria

deux petites affiches manuscrites *Contre la guerre et Pour les victimes politiques* ; enfin, pour compléter le tableau, 17 *photographies de jeunes tués ou condamnés*, pour ces crimes, à une réclusion à-peu-près éternelle : entre autres celle de *Paolo Betti*, devenu fou sous la terrible torture qu'on lui infligeait pour le forcer à dénoncer ses camarades de bataille.

N° 58 — Solidarité.

Le fascisme emprisonne et condamne : c'est son régime. Mais la solidarité du peuple italien est complète avec les victimes. Sous la terreur grandissante, la presse clandestine invoque surtout les secours aux emprisonnés et déportés. Elle dénonce les infamies du Tribunal fasciste et exalte le sacrifice de ceux qui succombent pour la libération de leur Pays. Tous les courants politiques anti-fascistes se rencontrent dans cette œuvre de solidarité.

Le Carton N° 58 porte un *Appel du Parti Communiste contre le Tribunal spécial* qui se prépare à punir de la peine de mort, que le fascisme a rétablie, plusieurs des meilleurs éléments du Parti. *Deux petites affiches manuscrites*, détachées des murs de Milan, traitent la même question. Voici encore un journal polygraphié LA GOCCIA (qui apparaît aussi sur d'autres Cartons) ; un autre, *en langue slovène*, cyclostylé ; un APPEL des jeunes communistes ; le journal LA SOLIDARITA' PROLETARIA, et un autre, d'origine communiste : AIUTIAMO I CARCERATI DELLE PRIGIONI DI MILANO (*Aidons les incarcérés des prisons de Milan*), qui — tous — reclament l'obole de la solidarité pour les ensevelis vivants, pour les hôtes politiques de nos « maison des morts » et pour leurs familles (on sait que même le fait de recueillir ces secours est considéré comme crime grave) ; tandis qu'une petite feuille imprimée crie qu'il faut imposer l'amnistie (*Bisogna imporre l'amnistial*)

Mais toute l'Italie n'est plus qu'une galère. Et ce n'est pas de la phantasie d'un artiste, mais c'est de l'âme même de nos prisonniers qu'est sortie — comme arme de propagande elle-aussi — cette *Italie enfermée entre les barres d'un cachot* qui caractérise le Carton, au même titre que les 21 photos des prisonniers les plus connus : *Maffi, Riboldi, Bordiga*, et, avec eux, *Massarenti*, le vétéran socialiste qui organisa l'héroïque résistance des travailleurs de MOLINELLA, etc., etc. ; et les photos de deux groupes de *déportés dans les îles*.

N° 59 — Les grands jours.

Le Carton N° 59 rappelle les journées historiques du prolétariat. Le fascisme se flatte de supprimer les grandes dates, de la Commune de Paris à la Révolution d'octobre, ainsi que la solennité du Premier Mai, célébrée par tous les peuples, prohibées au travailleurs italiens. C'est la presse clandestine qui les évoque et les célèbre. Voilà l'APPEL communiste pour la COMMUNE ; un Manifeste, polygraphié, pour la REVOLUTION RUSSE ; un petit Manifeste, imprimé, pour le dixième anniversaire de l'*Insurrection de Turin*, et un autre, polygraphié, de la C. G. d. T., pour le PREMIER MAI. Voici, EL VISENTIN, dactylographié, du I-er Mai 1928, un Numéro de BATTAGLIE SINDACALI dédié à la semaine du 1er au 8 Mai ; trois petits *Manifestes du Premier Mai* manuscrits ; la photographie de quelques autres polygraphies. Tous exigent la libérations des prisonniers. Les plus humbles sont les plus émouvants. EL VISENTIN nous informe de plusieurs *réunions intimes* où ouvriers et paysans célébrèrent en secret le dernier « Premier Mai ». Dix photographies de *jeunes révolutionnaires tués*, complètent le tableau.

N° 60 — Fascisme. = Misère. Guerre. Assassinat.

La bataille de la presse clandestine devient encore plus vive en dénonçant les principaux méfaits du régime. La misère, le danger immanent de guerre et l'assassinat — sont les trois anneaux de la chaîne qui corroie le fascisme sous un triple jugement d'exécration.

Le Carton N° 60 nous donne un aperçu de l'état économique auquel a été réduit le commerce et le travail en Italie. Ce sont trois APPELS, imprimés, clandestinement édités, par *les commerçants et employés*, les *artisans*, les *salariés* : les deux premières catégories auraient dû former les deux des principaux supports du fascisme !

Quand le fascisme imposa par ses méthodes de violence bien connues, le *Prestilo del Littorio* (l'Emmprunt ainsi qualifié pour l'emblème des Licteurs), la presse clandestine démontra l'opposition des classes laborieuses. On tenta d'opposer à l'emprunt un EMPRUNT DE LA LIBERTÉ. Les echantillons de trois «certificats» figurent sur le Carton. Voici trois types de petites feuilles manuscirts, un APPEL photographié, et un autre adressé *à la population bolognaise*, contre l'Emprunt et contre les menaces de *guerre* dont la décision est soustraite à la volonté du peuple. Deux APPELS imprimés protestent contre la *baisse des salaires*.

Lorsque SACCO ET VANZETTI ont été assassinés, le fascisme étouffa les manifestations de solidarité du prolétariat italien. C'est encore la presse clandestine qui proteste. Nous en voyons des exemples dans les deux petits *Manifestes*, dans une *affiche* manuscrite, dans les quelques lignes d'un APPEL poligraphié, étalés sur le Carton 54. C'est 1 epetit journal LA VERITA' qui dénonce la secrète complicité du fascisme avec les juges de Boston et reproduit les portraits des deux victimes.

N° 61 — Presse clandestine pour l'Italie.

La dernière forme de la presse, qui n'est pas clandestine à sa source mais le devient en touchant la frontière italienne, est celle qu'on «prépare» à l'étranger pour l'envoyer se répandre clandestinément en Italie. Ce sont là les méthodes employées jadis contre les anciennes tyrannies et, qui revivent, plus audacieuses encore et raffinées par l'expérience.

Le Carton N° 61 nous en offre quelques exemples. Tels le Bulletin L'ANTIFASCISTE, le petit journal L'ITALIE LIBRE, une édition réduite pour l'Italie, de LA LIBERTA' de Paris, organe de la « Concentration Antifasciste », et surtout la feuille satyrique illustrée IL BECCO GIALLO (Paris XII, Avenue de Corbéra 6), qui fait revivre, en un format réduit et imprimé sur papier vélin, apte à être introduit sous enveloppe fermée, l'ancien BECCO GIALLO de Rome, dont le tirage (Voir Carton 10) avait dépassé le demi-million d'exemplaires. L'ingéniosité des deux Directeurs, *Alberto Cianca* et *Alberto Giannini,* a trouvé le moyen d'embarasser et de dépister la Censure de frontière, en le faisant parvenir en Italie, « aux amis et ennemis », par tous les courriers, mélangé à la poste ordinaire, et provenant des plus différentes et lointaines parties du monde. Le BECCO GIALLO est attendu anxieusement et chaque exemplaire, passant clandestinement d'une main à l'autre, circule, on pourrait le dire, à l'infini.

Sur le même Carton : un Numéro et un Manifeste du NON MOLLIAMO ; deux petites feuilles de la *Conféd. Gen. du Travail* italienne de France, un APPEL AUX PAYSANS CATHOLIQUES.

N° 62—Rédactions pillées. Journaux interdits à l'étranger. Le vol fasciste à Paris.

Le Carton 62, dernier de cette série, n'a qu'un rapport indirect avec la presse clandestine. Il reflète plutôt l'œuvre de destruction, que le fascisme, après avoir fait le désert de la presse libre en Italie, réussit parfois à poursuivre même à l'étranger, par ses innombrables mouchards, espions et agents provocateurs, qu'il a parsemés un peu partout, par l'influence de ses Ambassades etc., et met en lumière la solidarité *active* des émigrés politiques avec leurs camarades de bataille restés en Italie.

Le Carton nous montre dix en-têtes de journaux antifascistes supprimés à l'étranger : ORDINE NUOVO, ARALDO, LA RISCOSSA, IL LAVORATORE ITALIANO, IL LAVORATORE INTERNATIONALE DEI TRASPORTI, LA VERITA', L'AURORA, IL PROLETARIO et IL CORRIERE DEGLI ITALIANI.

En outre, vous y trouvez, d'un côté, dix photos de RÉDACTIONS DÉVASTÉES à Turin, à Milan, à Trieste, et la *statistique mensuelle des dévastations* de rédactions et de maisons de journalistes pendant l'année 1925 et jusqu'en octobre 1926. De l'autre côté, la photographie de la chambre de Rue Rivoli 49, V-ème étage, où a été consommé à Paris, le 21 Avril 1928, le VOL ORGANISÉ PAR LES MOUCHARDS FASCISTES, de tout le matériel que nous avions recueilli pour cette Exposition de la presse clandestine, et dont une grande partie, peut-être la plus intéressante, n'a pas pu être retrouvée.

Ce même vol est d'ailleurs l'aveu fasciste, c'est-à-dire criminel, le plus authentique, de l'intérêt que le fascisme aurait à empêcher cette Exposition ; et partant il en redouble la valeur et l'attrait.

Appendices

I

Mélange; Recueils, Épaves, Brochures; les Classeurs

L'Exposition antifasciste italienne n'est pas toute dans les Cartons affichés. Sur des bancs, dans les coins, où un espace quelconque est vacant, on a disposé — on dispose encore pendant que nous rédigeons les dernières pages de ce Catalogue — différentes épaves du naufrage de la libre presse italienne : des recueils de journaux supprimés, des numéros offrant un intérêt particulier, quelques exemplaires, qu'on a pu recouvrer, de brochures prohibées ou détruites — entre autres, extrêmement rare et précieuse, celle de G. MATTEOTTI : *Un an de domination fasciste* ; — peut-être des autographes, des photos intéressantes... Il ne nous est pas possible, dans cette édition du Catalogue, d'en dresser la liste, puisque on est encore en train de les réunir et de les classer, et il nous en arrive tous les jours...

Nous voulons seulement — en prenant congé du lecteur — ajouter encore une courte notice sur un recueil, qui nous a coûté le plus de fatigue, celui — qui s'accroît lui aussi de jour en jour — des milliers de coupures et de fiches, contenant les violences, qui continuent de plus belle, contre la presse et contre les écrivains. Nous souhaitons — souhaitez avec nous — que ce lugubre chapelet puisse vite s'interrompre ; pour l'honneur de l'Italie, pour l'honneur

Les Classeurs

Pendant leur travail de classement, les organisateurs de l'Exposition ont été très souvent amenés à reconnaître que les matériaux, recueillis avec tant de peine et avec tant de zèle, ne représentent qu'une petite partie des journaux et des revues supprimés par le fascisme.

Même en Italie il serait peut être impossible à présent de reconstituer les collections complètes des journaux antifascistes : leurs bureaux de rédaction, leurs imprimeries ont été maintes fois envahis, saccagés et incendiés. La police, dans ses nombreuses perquisitions des maisons des antifascistes, a toujours confisqué les exemplaires des journaux subversifs.

La valeur de ces pauvres feuilles de papier s'est donc considérablement accrue : l'existence d'un journal de province, sa lutte héroïque contre les abus du *ras* local, ne laisseront peut-être d'autres traces que la nouvelle de sa suppression, publiée en trois lignes par un grand quotidien. Et cependant chaque journal antifasciste s'est battu à son poste, dans cette *tranchée de papier* que le « Duce » a si souvent raillé, mais contre laquelle il s'est toujours acharné.

Désireux de conserver soigneusement les moindres souvenirs de cette bataille, les organisateurs de l'Exposition ont chargé un groupe de volontaires de dépouiller les exemplaires des journaux recueillis ou les collections des quotidiens italiens déposés dans les bibliothèques étrangères, et d'en extraire toutes les nouvelles qui se rapportent à la vie de la presse antifasciste en Italie.

On s'est efforcé ensuite de donner un classement systématique à ce matériel si différent. Il a été tout disposé sur des fiches d'égales dimensions. Les fiches, plus que deux milles, ont été distribuées en trois Sections principales : chaque Section comprend un certain nombre de classeurs, à l'intérieur desquels les fiches ont été disposées par ordre de date.

**

La *première Section* se rapporte à celles qu'on pourrait nommer les *violences légales* du fascisme. Il serait vraiment naïf de chercher un but quelconque, social ou politique, dans les différents lois et décrets promulgués par les autorités fascistes. Saisies préventives, avertissements, suspensions, suppressions, toutes ces mesures ne visent qu'à détruire la presse antifasciste.

Les premières tentatives de saisies, ordonnées par les préfets, ne frappent d'abord que les journaux d'extrême gauche : l'*Avanti !* (1 mai 1923), l'*Unità*, la *Giustizia* (8 mars 1924, etc.) ; on les accuse de troubler l'ordre publique ou d'injurier le roi ou les institutions. Aucune loi n'autorise ces mesures.

L'assassinat de Matteotti (juin 1924), après une première période de désarroi, donne une bonne occasion pour ligoter la presse

« la justice doit accomplir librement son œuvre » ; « elle ne doit
pas être gênée par les campagnes de la presse. »

Après on ne cherche plus de prétextes : on saisit, par crainte
stupide, par joie brutale de destruction. Chaque saisie représente un
dommage de plusieurs milliers de francs pour les journaux de
l'opposition, qui vivent de leur vente et de leurs abonnements. On
lance des souscriptions publiques : les autorités fascistes con-
fisquent les listes de soucription (cfr, p. e. *Il Secolo*, 19 juin 1925'
et *Il Corriere degli Italiani*, 9 mai 1926).

C'et dans cette période de fureur qu'on remarque les saisies
les plus absurdes : on saisit un journal parce qu'il a employé
des titres trop gros en publiant le discours de M. Albertini ; on
saisit le *Mondo* parce qu'il a publié un discours sur la démocratie
de M. Calvin Coolidge, etc, etc.

Du *Corriere della Sera*, 4 janvier 1925 :

On saisit l'*Alfiere* de Bologne parce qu'il publie la photographie
de l'aveugle de guerre Labati, mort à l'hôpital en conséquence
d'une agression fasciste.

De *Il Mattino*, 10.-11 février 1925 :

on saisit le *Corriere di Clusone* parce que, « dans l'explication
de l'Evangile du dimanche, il a cité une lettre de St. Paul disant
que l'autorité humaine émane de Dieu ».

Du *Corriere della Sera*, 13 août 1925 :

La *Voce Repubblicana* est saisie successivement pour avoir
publié :

un compte rendu d'une thèse de doctorat sur le régime de la
presse en France ;

des critiques sur les théories économiques de M. Arias ;

des données statistiques sur l'alimentation des ouvriers, etc.

Les autorités fascistes ne se sont pas limitées à ces saisies. Par un
non sens juridique qui aurait dû choquer quelques éminents juristes
italiens (M. Rocco ou M. Scialoja par exemple), on a condamné des
journaux pour des articles... qui n'ont pas paru. Quelques fois les
juges ont acquitté les journaux en reconnaissant qu'à leur crime
« manquait l'extrême de la publicité ! » (cfr. p.e. *Corriere degli
Italiani*, 19 juin 1926).

Toutes ces mesures «légales» ont été précédées, accompagnées
et suivies par les violences des escouades fascistes. Celles-ci
forment la *deuxième Section* des classeurs.

Protégés par l'impunité la plus complète, les fascistes ont
envahi, saccagé et incendié les journaux de l'opposition, les imprimeries, les maisons des rédacteurs, des ouvriers typographes ; ils
ont menacé et battu les marchands et les lecteurs des journaux
subversifs. Matteotti, Amendola, Gobetti, Piccinini, Lavagnini sont
les victimes les plus connues, mais on ne compte pas les agressions,
les bastonnades « de style » et les violences de toute sorte subies
par les journalistes antifascistes.

Et que l'on ne parle pas de nécessités *révolutionnaires* :
l'agression contre M. Amendola (juillet 1925), les événements de
Florence (octobre (192'), les répresailles qui dans toutes les villes

ont suivi les trois attentats contre Mussolini, se sont passés en pleine période de « *normalisation* ».

Ces violences ont été toujours ordonnées et approuvées par les autorités fascistes : nous avons tiré des journaux fascistes les menaces les plus caractéristiques : jusqu'au mois d'octobre 1922 on avait encore la chance de pouvoir lire des articles signés par Mussolini ; après son avènement au pouvoir, il s'est limité à ordonner à ses préfets des violences contre les journalistes, et à écrire, sans les signer, des articles de menace. (cfr. *Popolo d'Italia* 1 juin 1924).

En 1921 (*Popolo d'Italia* 29 mai) Mussolini écrivait :

« Qui pourrait donc nier que le sort du journal démo-catholique (*popolare*) du Friuli ne doive pas être partagé aussi par quelques-unes des feuilles les plus vénimeuses du libéralisme italien ? Certains vers doivent être écrasés. Certains abcès doivent être brûlés ».

Le style est l'homme.

Plus tard les menaces ne se compteront plus.

Contre le *Corriere della Sera* (*Popolo d'Italia* 8 juilles 1923) :

« Etant donné que la *Giustizia* viole la tradition de correction du journalisme, qui doit résider dans l'objectivité la plus sérieuse, le *Fascio* de Milan décidera les mesures qu'il croira opportunes à ce que la *Giustizia* soit ramenée à l'observation des normes de correction et d'honnêteté journalistique ». Signé : « *Le Directoire du Fascio de Milan* ».

Contre le *Corriere della Sera* (*Popolio d'Italia* 8 juillet 1923) :

« M. le sénateur Albertini, à nous !... Nous vous disons franchement que nous en avons assez : il y a bien de fascistes, une multitude, M. Albertini, qui demandent par écrit (et qui prennent sur eux l'honneur et la dignité du geste) d'être présents lorsque on rasera votre ignoble *baraque...* »

Contre Giovanni Amendola (*IlMondo*, 2 janvier 1925) :

Refrain chanté par les fascistes sous les fenêtres du journal *Il Mondo* :

Amendola, Amendola, devi morire,
E col pugnale che abbiamo affilato,
Amendola, Amendola, devi morire.
(Amendola, Amendola, tu dois mourir ;
Par ce poignard que nous avons aiguisé
Amendola, Amendola, tu dois mourir).

Arrivés à ce point, on peut se demander quel était et quel est le programme des fascistes. A la veille de la « Marche sur Rome » ils exposèrent leur programme : le seul du reste auquel ils soient restés fidèles :

« L'imbécilité jésuitique des démocrates nous demande incessamment un programme. Les démocrates du *Mondo* désirent-ils connaître quel est notre programme ? Broyer les os aux démocrates du *Mondo*. Le plus tôt sera le mieux » (*Popolo d'Italia*, 4 octobre 1922).

Une *troisième Section* des classeurs, plus petite, réunit quelques documents de la résistance organisée par les journalistes. Les hommes qui ont signé ces déclarations tranquilles, qui ont opposé à la force brutale des dominateurs une foi inébranlable dans leur idéal et dans leur mission de journalistes, ont sanctifié leurs paroles par leur sacrifice. A côté des journalistes assassinés, emprisonnés ou envoyés en déportation, il y a le groupe nombreux des exilés, il y a encore, là-bas en Italie, la foule immense des inconnus qui se résignent à la misère et, ce qui est pour un journaliste un sacrifice plus grand encore, au silence ; mais qui ne vendent pas leur esprit et leur conscience.

Tel est, en grandes lignes, disposé en douze volumes, le contenu des classeurs que nous exposons : ce travail obscur de dépouillement et de classement conduit dans un esprit d'objectivité et d'impartialité pour ainsi dire scientifique, a été inauguré en Italie par Giacomo Matteotti (*Un anno di dominazione fascista*), brochure qui est, elle aussi exposée.

C'est en son nom que nous tâchons de le continuer, sans nous demander qui pourrait en tirer profit. Un journal de l'opposition, en dénonçant les vexations dont il était victime, disait un jour :

« Quelqu'un pourrait observer : à quoi servent ces protestations ? Elles servent à l'histoire. Tout ce que l'on fait, tout ce que l'on subit, sert pour l'histoire. L'Italie n'est pas née d'aujourd'hui et ne mourra pas aujourd'hui. »

II

Organisations
Fasciste des Journalistes

Des organisations libres de journalistes existaient en Italie jusqu'à l'avènement du Fascisme. Ces Associations ou Syndicats, divisés par régions ou par branches du journalisme, constituaient une Fédération dont le Président était le Président même de l'Association de la Presse de Rome.

Après le coup d'Etat du 28 octobre 1922, Mussolini répondait de la manière suivante à une dépêche du sénateur Barzilai, qui était alors le Président de l'Association : « Après avoir surmonté les difficultés exceptionnelles du moment, je désire sauvegarder la liberté de la presse, si toutefois la presse se montre digne de la liberté. La liberté (ajoutait-il) n'est pas seulement un droit, mais c'est aussi un devoir ».

Mais, peu de temps après, il formulait un décret-loi franchement liberticide. Les associations de la presse se révoltèrent immédiatement. Mussolini suspendit l'application du décret ; mais, un an après, à la suite du soulèvement de l'opinion publique à cause de l'assassinat du député Matteotti et des émouvantes dénonciations parues dans les journaux à ce sujet, il le transformait, l'aggravant, en un projet de loi.

De nouveau toutes les Associations de la presse, sans aucune exception, s'insurgèrent.

En même temps les fascistes organisaient des Syndicats de journalistes de leur parti. Ils soulevaient des discordes et des trouble dans les Associations de la presse.

Une bataille mémorable a été livrée à l'Association de la presse Romaine le jour de l'élection du Président pour remplacer le sénateur Barzilai. Les Fascistes furent complètement battus ; on a élu d'abord le sénateur Bergamini, mais, après sa démission, c'est le général Bencivenga, député libéral démocrate, actuellement déporté aux îles, qui fut élu (*Voir Carton* 33).

Le gouvernement commença dès lors à dissoudre les organisations de la Presse, celle de Salerne, en premier lieu. Ensuite, tour à tour, toutes les autres. Le 26 octobre 1925 ce fut le tour de celle de Rome, et on y envoya en qualité de Commissaires les journalistes des Syndicats fascistes.

De cette manière on ouvrait la porte à la « fascistisation » des Associations des journalistes.

Une loi du 31 décembre 1925 établissait l'*Ordine dei Giornalisti* (L'ordre des journalistes). Pour pouvoir exercer la profession de journaliste, il fallait être inscrits sur le Registre à la manière des avocats, médecins, notaires, etc.

Mais cette loi ne fut pas mise en vigueur, ayant été absorbée, en avril 1926, par la loi sur les Syndicats.

Un règlement transfère aux Syndicats des journalistes la charge de tenir un Registre de journalistes admis à l'exercice de la profession.

Le Directoire du Syndicat National Fasciste de la Presse a fixé ces principes :

1. « Le Syndicat national fasciste n'est pas seulement une organisation syndicale pour la défense des droits professionnels des journalistes italiens, mais il est aussi un instrument essentiellement politique aux ordres du Duce et du Fascisme ;

2. « Peuvent seuls être membres du Syndicat les journalistes qui font du journalisme leur unique profession, qui sont inscrits au parti fasciste et qui ont donné preuve de leur fidélité au régime ;

3. « Les Registres professionnels, qui confèrent le droit à l'exercice de la profession, seront tenus et gardés par le Syndicat régional. Les membres des Syndicats sont de plein droit inscrits sur ce Registre. On pourra y admettre d'autres journalistes après délibération du Directoire. »

En conformité avec ces principes, un communiqué officiel du Syndicat National des journalistes donnait des détails sur *l'encadrement* :

1. Sont exclus du Syndicat ainsi que des Registres professionnels tous les journalistes qui avaient eu des places responsables dans les journaux anti-fascistes, pendant l'affaire Mattéotti. A ceux-là (à peu près une centaine) il ne sera plus permis de reprendre, en quelque forme que ce soit, l'exercice de leur profession ;

2. « Aux inscrits dans les Registres qui ne font pas partie des Syndicats, il ne sera pas permis d'occuper des places responsables dans des journaux. (En vertu de cette disposition, les journalistes, qui avaient dirigé les services des plus grands journaux tel que le *Corriere della Sera*, furent placés sur le Registre dans la catégorie des apprentis.)

En conclusion, l'organisation journalistique de l'Italie est ré-

duite aux Syndicats fascistes. Ceux-ci représentent juridiquement
toute la presse. Ce sont eux qui décident la formation des Registres
professionnels. L'exercice de la profession est interdit à quiconque
n'est pas inscrit sur le Registre. Et le Registre, fait par « fascistes
au service du Duce », ne peut comprendre que des journalistes
d'opinion conforme au régime.

Mais, Mussolini avait dit : « la liberté de la presse n'est pas
seulement un droit, elle est aussi un devoir. »

III

La législation fasciste
sur la presse*) ·

Le Fascisme a brutalement renié les engagements de la Consti-
de Sardaigne, etc., nous avons décrété et décrétons sous forme de
Statut et de loi fondamentale, perpetuelle et irrévocable de la
Monarchie, ce qui suit... » ; et à l'art. 28 : « La Presse sera libre,
mais une loi en réglera les abus. »

Et l'Edit du 26 mars 1848, considéré comme loi constitution-
nelle, déclare : « La liberté de Presse, qui est une garantie nécessaire des institutions de tout gouvernement représentatif, doit être
maintenue et protégée de la meilleure manière ». L'Art. 1 de l'Edit
proclame : « La manifestation de la pensée, au moyen de la Presse
ou de n'importe quel artifice mécanique apte à reproduire les signes
figuratifs, est libre. Toute publication de Presse, de gravures, de
lithographie ou de reproduction fac-similé est autorisée. »

L'art. 35 du même Edit dit : « Tout sujet du Roi, majeur et
jouissant des droits civils, est autorisé à publier un journal ou une
feuille périodique. »

Après l'unification du royaume, la législation sur la Presse ne
fut pas modifiée. Malgré les rafales réactionnaires des Cabinets
Crispi, une interpretation de plus en plus libérale de l'Edit de 1848

_(1) Dans cette courte notice nous ne pouvons donner qu'un aperçu
tout-à-fait schématique, et partant aride autant qu'incomplet, de cette législation. Une étude bien autrement vaste et développée, soit de la législation fasciste
de presse en elle-même, et de l'organisation fasciste de la profession de journaliste, soit de ses causes et de ses conséquences techniques, politiques et
morales a été faite, sous le titre : La presse dans le régime fasciste, par notre
ami et collègue, le prof. avocat Francesco Luigi Ferrari, un des membres les
plus éminents du parti démo-catholique, lui aussi maintenant émigré et résidant
à Louvain. De cette ample étude, dont nous avons pu tirer profit pour ce raccourci — et nous en remercions de tout notre cœur l'auteur — il est à souhaiter
qu'on fasse au plus tôt possible une publication séparée._

76

était pratiquée par les gouvernements, de même que par les juges.

Seulement après les troubles de 1898 les courants d'extrême droite s'engagèrent à fond en faveur d'une réforme antilibérale de la législation sur la Presse. Le sénateur Bonacci, ministre, garde-des-sceaux dans le Cabinet Di Rudini, présenta en 1898 un projet de loi sur la Presse, destiné à remplacer l'Edit de 1848 ; mais l'opposition vigoureuse des partis de gauche à la Chambre en empêcha le vote. Le Cabinet présidé par M. le général Pelloux retira le projet et inséra des mesures restrictives, prévues par le projet Bonacci, dans le décret-loi du 22 juin 1899 réglant toutes les questions ayant trait à l'exercice des droits politiques subjectifs des citoyens. Mais la Cour de Cassation prononça la nullité de ce décret et, après la chute du deuxième Cabinet Pelloux, après les élections de 1900 et l'assassinat du roi Umberto, on revint à une politique libérale et les dispositions de l'Edit de 1848 eurent une application toujours plus large. La loi du 28 juin 1906 abolit enfin le droit de saisie préventive, que l'Edit donnait jadis au Procureur du Roi.

Le Farscisme a brutalement renié les engagements de la Constitution et les traditions libérales italiennes en matière de Presse, et a fait du journalisme, comme dans les plus obscures périodes du Moyen Age ou du despotisme étranger, un instrument aux ordres du pouvoir exécutif ; le journaliste, privé de toute liberté, est devenu un fonctionnaire qui doit obéir sans discuter.

Le 8 juillet 1924 le gouvernement publia un décret-loi rédigé l'année précédente et complété par deux articles qui rétablissaient les saisies préventives.

Le 10 juillet fut publié un nouveau décret-loi dont le sens est encore plus restrictif.

En mai 1925 le gouvernement présentait à la Chambre un nouveau projet de loi qui détruisait la liberté de la Presse ; et la Chambre, ou, pour mieux dire, la majorité fasciste, l'approuva sans discussion pendant une brève séance de nuit. Cette loi, qui ajoutait de nouvelles restrictions, vexations et entraves à celles déjà prévues par les décrets-lois de l'année précédente, fut publiée le 25 décembre 1925.

Le règlement d'administration publique du 4 mars 1926 compléta la législation fasciste sur la Presse, tandis que la loi corporative du 3 avril 1926 et son règlement du I juillet 1926 organisaient l'exercice de la profession de journaliste. Le règlement sur les Registres (« Albi ») des journalistes (23 février 1928) couronne la nouvelle législation. L'exercice du journalisme est devenu impossible pour quiconque n'est fasciste. Il serait long et peut-être inutile de répéter en détails toutes ces dispositions promulguées en Italie par le Fascisme, contre la liberté de la presse.

En raccourci, on peut dire qu'elles se résument dans les points suivants :

1. — Pour publier un journal ou un autre périodique, une permission et un cautionnement sont nécessaires.

2. — Toute publication périodique doit avoir un *gérant* qui est considéré *juris et de jure* judiciairement responsable de tout délit

incriminé au journal. Ce gérant, qui ne peut être ni député ni
sénateur, doit être ou bien le directeur effectif ou bien l'un des
principaux rédacteurs du journal. Il doit être inscrit sur le Registre
des journalistes, tenu par une Commission fasciste, et doit avoir
obtenu l'agrément du Procureur Général à la Cour d'Appel et du
Préfet, c'est-à-dire qu'il doit être préalablement reconnu comme un
fasciste du meilleur aloi, et, en tous cas, il peut être toujours
révoqué par le Préfet, qui a au surplus le droit de ne lui donner
aucun   ce qui équivaut à la suppression en fait du
fait du journal sans qu'elle fût décrétée explicitement.

3. — Les propriétaires sont solidairement responsables de tous
les frais judiciaires et des dommages et intérêts dûs par le journal,
sur les installations techniques de l'imprimerieuh?ueutmqu-cmfhy.

4. — Toute publication périodique peut être saisie d'ordre de
l'autorité publique, *même s'il n'y a pas lieu à poursuite judiciaire,*
dès que la saisie paraît nécessaire pour le maintien de l'ordre public.

5. — L'autorisation donnée au gérant de faire paraître la
publication périodique peut toujours être retirée après avertissement. Elle doit être refusée à qui la demanderait pour publier sous
un autre nom un journal auquel l'autorisation aurait été retirée.

La loi du 31 décembre avait institué *l'Ordre des journalistes* et
avait prescrit qu'il faut être inscrit dans l'Ordre pour pouvoir exercer la profession de journaliste (art. 27). Mais en vertu de la loi
syndicale (art. 12 du règlement) les Syndicats légaux de journalistes devenaient les maîtres ... du registre ! Et, sans plus, les Syndicats légaux de journalistes ont refusé d'admettre (et, le cas
échéant, ont expulsé !) les journalistes qui n'ont pu prouver qu'ils
étaient fascistes, *ou bien qui n'ont pas voulu renier PAR ÉCRIT les
idées défendues jusqu'alors ainsi que toute leur activité de journalistes libres.*

Il faut relever enfin que les régimes absolus ou réactionnaires
du XIX° siècle, tout en limitant parfois d'une manière presque
absolue les manifestations politiques de la presse, ont respecté toujours, du moins formellement, les œuvres scientifiques. Depuis
1848 il n'y a plus eu en Europe de limitations légales de la liberté
des revues et de livres scientifiques, sauf en Russie. Mais en Russie
même, un *ukase* de 1865 abolit la censure pour les publications des
sociétés scientifiques, pour les œuvres de plus de dix feuilles et
pour les traductions de plus de vingt feuilles. La législation fasciste
et les organes chargés de son application ne connaissent pas de
pareilles distinctions, et les directeurs responsables des revues
scientifiques sont soumis au contrôle des autorités gouvernemen-
tales et des Syndicats fascistes des journalistes tout comme les
directeurs des journaux politiques, tandis que la loi de « sûreté
publique » permet à la Police d'interdire la vente de n'importe quel
livre ou de le saisir.

INDEX

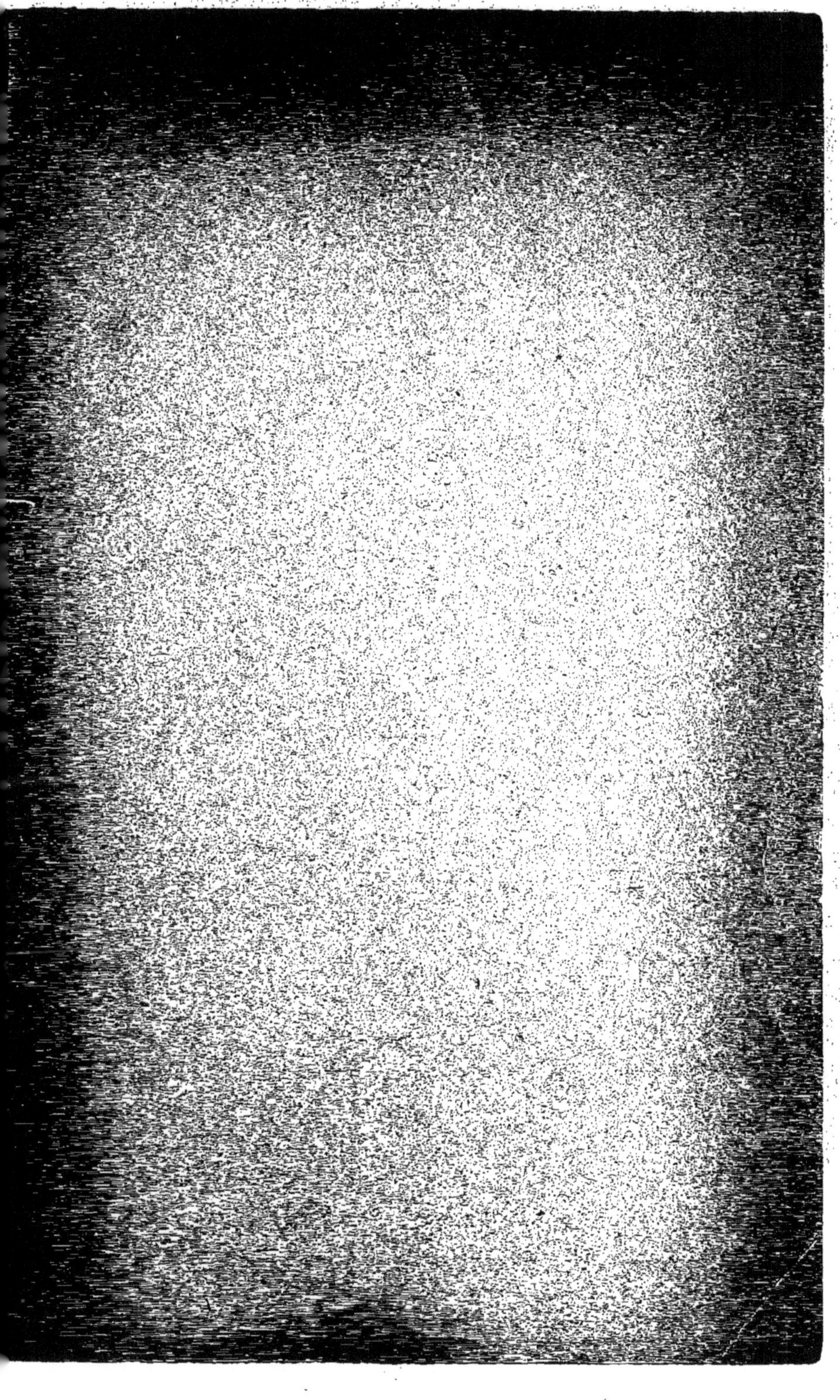

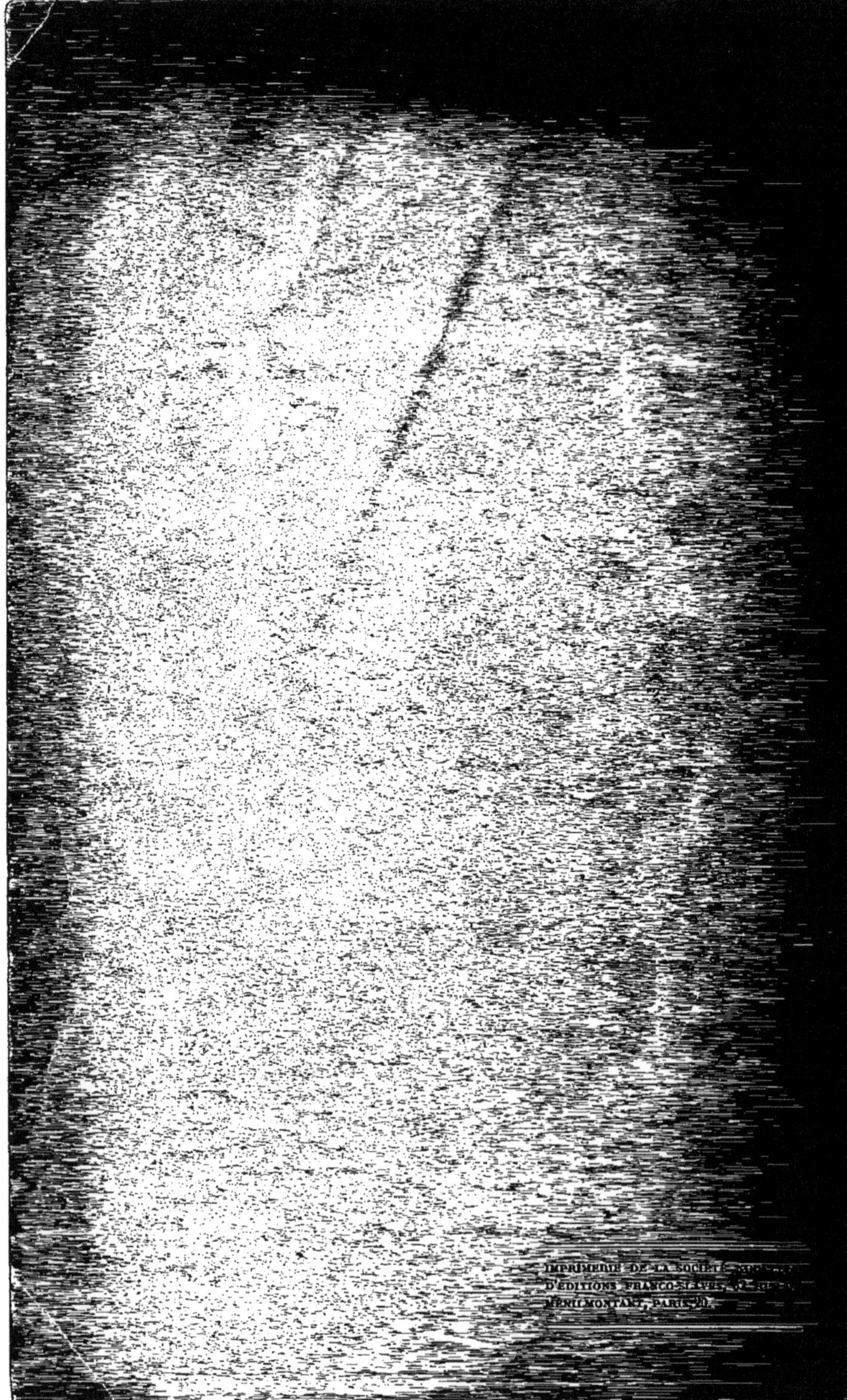
IMPRIMERIE DE LA SOCIÉTÉ
D'ÉDITIONS FRANCO-SLAVES,
MÉNILMONTANT, PARIS-20